Technische Aktienanalyse und die Effizienz des deutschen Kapitalmarktes

Engelbert Götz

Technische Aktienanalyse und die Effizienz des deutschen Kapitalmarktes

Mit 38 Abbildungen

Physica-Verlag Heidelberg

Dr. Engelbert Götz
Säumerstraße 30
D-8391 Hutthurm

ISBN 978-3-7908-0455-3   ISBN 978-3-642-52387-8 (eBook)
DOI 10.1007/978-3-642-52387-8

CIP-Titelaufnahme der Deutschen Bibliothek
Götz, Engelbert:
Technische Aktienanalyse und die Effizienz des deutschen Kapitalmarktes / Engelbert Götz. - Heidelberg: Physica-Verl., 1990
Physica-Schriften zur Betriebswirtschaft; 27)
Zugl.: Passau, Univ., Diss.

NE: GT

7120/7130-543210

Meinen Eltern

und

meiner Frau

Vorwort

I

Bei der vorliegenden Untersuchung handelt es sich um eine empirische Analyse der Informationseffizienz des deutschen Aktienmarktes.

Nach der Einleitung, mit einer ausführlichen Inhaltsangabe, erfolgt in Kapitel B eine theoretische und methodische Abgrenzung, wobei zunächst die Theorie informationseffizienter Märkte beschrieben wird. Im Anschluß daran werden die Vorgehensweise und verschiedene Verfahren der Diskriminanzanalyse dargestellt. Abschließend erfolgt eine Einführung in die technische Aktienanalyse.

Kapitel C, die empirische Überprüfung, beschließt die Arbeit. Dieses Kapitel endet mit einem Test am Kriterium des 19.10.1987, des "Schwarzen Montags". Dieser führt zu dem Ergebnis, daß eine auf den festgestellten systematischen Schwankungen des Kursverlaufs deutscher Aktien aufbauende, überaus einfache Strategie mit Hilfe technischer Informationen in der Lage gewesen wäre, das Halten von Aktien am 19.10.1987 stark einzuschränken. Bei Einhaltung der Strategie kann die Wahrscheinlichkeit, Überschußrenditen zu erzielen, erheblich erhöht werden.

II

Einige Bemerkungen zur technischen Aktienanalyse, deren Verfahren wissenschaftlich nicht fundiert sind, erscheinen angebracht.

Alle diese Verfahren führen zu den beiden Induktionsproblemen HUMEs[1], der sich dafür interessierte, ob irgendetwas von dem, was wir glauben, mit hinreichenden Gründen gerechtfertigt sein kann. Er betrachtete dabei ein logisches und ein psychologisches Problem.

Das logische Problem lautet: Ist es gerechtfertigt, von wiederholten Einzelfällen, die wir erfahren haben, auf andere Fälle, die wir nicht erfahren haben, zu schließen?
HUMEs Antwort: Nein!

Das psychologische Problem lautet: Warum erwarten und *glauben* trotzdem alle vernünftigen Menschen, daß noch nicht vorliegende Erfahrungen den vorliegenden entsprechen werden? D. h.: Warum haben wir Erwartungen, in die wir großes Vertrauen setzen?
HUMEs Antwort: Aus Gewohnheit!

Dieser Widerspruch, der HUME zum Glauben an eine irrationalistische Erkenntnistheorie führte, wird von POPPER aufgelöst und zum Ergebnis geführt: *Es gibt keine Induktion durch Wiederholung*;[2] d. h. eine wissenschaftstheoretische Begründung für die Anwendung dieser Verfahren kann nicht gegeben werden.

Die Antwort HUMEs auf das psychologische Problem und einem Hinweis, warum diese Verfahren überhaupt zur Anwendung kommen, wird von der Verhaltensforschung gegeben.

---

1) Vgl. POPPER, K. R., Objektive Erkenntnis, Hamburg 1973, S. 13 f

2) Vgl. ebenda, S. 13 ff

LORENZ [1] formuliert: "Spotten wir also nicht über das Gewohnheitstier im Menschen, das seine Gepflogenheiten zum Ritus erhoben hat und mit einem Starrsinn daran festhält, der einer besseren Sache wert zu sein scheint: es *gibt* nur wenige bessere Sachen! Wenn das Gewohnte sich nicht in der geschilderten Weise verfestigen und verselbständigen würde, wenn es sich nicht zum geheiligten Selbstzweck erhöbe, gäbe es keine glaubhafte Mitteilung, keine vertrauenswürdige Verständigung, keine Treue und kein Gesetz. Schwüre binden nicht, und Verträge gelten nicht, wenn die vertragsschließenden Partner nicht eine Grundlage unverbrüchlicher, zu Riten gewordener Gepflogenheiten gemeinsam haben, bei deren Durchbrechung sie von" einer "magischen Vernichtungsangst befallen werden."

III

Diese Arbeit wäre nicht möglich gewesen ohne die Hilfe und Unterstützung vieler.

Mein Dank gilt zunächst Herrn Universitätsprofessor Dr. Jochen Wilhelm, der die Untersuchung durch konstruktive Kritik und fachlichen Rat förderte und sich in großzügiger Weise für die Bereitstellung der erforderlichen Sachmittel und Personalkapazitäten einsetzte. Dankbar bin ich auch Herrn Universitätsprofessor Dr. Walter Schweitzer für die kritischen Anmerkungen im Korreferat zur Dissertation.

Für die Betreuung und Unterstützung bei der intensiven Rechnernutzung gilt mein Dank den Mitarbeitern des Rechenzentrums der Universität Passau.

---

1) LORENZ, K., Das sogenannte Böse, 11. Aufl., München 1984, S. 87

Für die Hilfestellungen bei den aufwendigen Fortran-Programmierarbeiten, sowie für viele große und kleine Diskussionen gilt mein besonderer Dank Frau Dr. Gabriele Hornsteiner.

Eine große Entschuldigung und ein herzliches Dankeschön sage ich Frau Erna Gerle, die ich mit meiner Handschrift quälte und die es mit großer Geduld trotzdem fertiggebracht hat, aus dem Handmanuskript einen sehr sorgfältigen Schreibmaschinentext zu erstellen.

Wer den Text "Aus dem Tagebuch eines Wirtschaftswissenschaftlichen Doktoranden" [1)] kennt, weiß wem mein größter Dank gilt. Bereinigt man dieses Tagebuch um einige Tage Urlaub und erweitert den Ansatz auf zwei überaus liebe und aufregende Kinder, so erhält man eine treffende Beschreibung der geistigen Verfassung des Autors und des Zustands, den meine Frau und meine beiden Töchter über einige Jahre ertragen mußten. Eine Leistung, die, könnte man sie monetär bewerten, keinen Zweifel an der Effizienz irgendeines Kapitalmarktes aufkommen ließe.

Bert Götz

---

1) W., H., Aus dem Tagebuch eines Wirtschaftswissenschaftlichen Doktoranden, in: TREBEIS, O.V. (Hrsg.), Nationalökonomologie, 2. Aufl., Tübingen 1982, S. 53 - 57

Gliederung Seite

Seite

Seite

Abkürzungsverzeichnis

Abb.	Abbildung
ADL	Advance-Decline-Linie
AER	American Economic Review
AG	Aktiengesellschaft/Die Aktiengesellschaft
AG K. K. & K.	AG Kühnle, Kopp und Kausch
AktG	Aktiengesetz
AMEX	American Stock Exchange
Aufl.	Auflage
Bd.	Band
BDR	Bayessche Diskriminanzregel
Bet.	Beteiligung
BFuP	Betriebswirtschaftliche Forschung und Praxis
B&H	Buy & Hold
bzw.	beziehungsweise
ca.	circa
CAPM	Capital Asset Pricing Model
const.	konstant
DA	Diskriminanzanalyse
DAD	Durchschnittliche Abweichung vom gleitenden Durchschnitt
DAX	Deutscher Aktienindex
Ders.	Derselbe/Dieselben
d. h.	das heißt
Diss.	Dissertation
DJIA	Dow Jones Industrial Average
DM	Deutsche Mark

Dt.	Deutsche
DtB	Deutsche Bank
DVFA	Deutsche Vereinigung für Finanzanalyse und Anlageberatung e. V.
et al.	et alii (und andere) / et alibi (und andere Orte)
f	folgende
FAJ	Financial Analysts Journal
FAZ	Frankfurter Allgemeine Zeitung
FDR	Fishersche Diskriminanzregel
ff	fortfolgende
FN	Fußnote
FRL	Fortschritt-Rückschritt-Linie
GD	Gleitende Durchschnitte
GHH	Gutehoffnungshütte Aktienverein AG
Gl.	Gleichung
GmbH	Gesellschaft mit beschränkter Haftung
GuV	Gewinn- und Verlustrechnung
Hrsg.	Herausgeber
IEEE	Institute of electrical and electronics engineers
Ill.	Illinois
Inc.	Incorporated
incl.	inklusive
insb.	insbesondere
JAE	Journal of Accounting and Economics
JAR	Journal of Accounting Research
JBF	Journal of Banking and Finance
JBF&A	Journal of Business Finance and Accounting

JFE	Journal of Financial Economics
JFQA	Journal of Financial and Quantitative Analysis
JMCB	Journal of Money, Credit and Banking
JoF	Journal of Finance
JoB	Journal of Business
JPE	Journal of Political Economy
KGV	Kurs-Gewinn-Verhältnis
KHD	Klöckner-Humboldt-Deutz AG
KSB	KSB-Klein,Schanzlin & Becker AG
KuK	Kredit und Kapital
LRO	Long Range Oscillator
Ltd.	Limited
MAN	Maschinenfabrik Augsburg-Nürnberg AG
Mass.	Massachusetts
MDA	Multivariate Diskriminanzanalyse
Mio.	Million
MLD	Maximum-Likelihood-Diskriminanzregel
MTU	Motoren- und Turbinen-Union München GmbH
NHNL	High-Low-Index
N.J.	New Jersey
No.	Number
Nr.	Nummer
N.Y.	New York
NYSE	New York Stock Exchange
o. J.	ohne Jahr
O & K	O & K - Orenstein & Koppel AG

o. O.	ohne Ort
o. S.	ohne Seite
OU 200	Over-Under 200-Day Moving Average
o. V.	ohne Verfasser
P & F	Point & Figure
rel.	relativ
RSC	Resistance-Support Charts
S.	Seite
S & P 500	Standard & Poors 500
SPSS-X	Statistical Package for Social Sciences - X
SRO	Short Range Oscillator
u. a.	unter anderem
u. ä.	und ähnliches
UK	United Kingdom
unveröffentl.	unveröffentlicht
v. Chr.	vor Christus
Verf.	Verfasser
Vgl.	Vergleiche
Vol.	Volume
vs.	versus
z. B.	zum Beispiel
ZfB	Zeitschrift für Betriebswirtschaft
ZfbF	Zeitschrift für betriebswirtschaftliche Forschung
ZfK	Zeitschrift für das gesamte Kreditwesen
ZWS	Zeitschrift für Wirtschafts- und Sozialwissenschaften

A. Einleitung

Ein Ereignis, wie die weltweite Börsenkrise am 19. Oktober des Jahres 1987, zeigt in aller Deutlichkeit die Aktualität der Diskussion, die über die These der rationalen Erwartungen im Wirtschaftsprozeß einer Volkswirtschaft geführt wird. [1]

Einen sehr guten Einblick in diese Problematik der Verhaltensweisen von Wirtschaftssubjekten bei gleichzeitigem Aufzeigen der Möglichkeiten, die die Ausnutzung der Kenntnis dieser Verhaltensweisen mit sich bringt, wird von ISSING in einer kurzen Darstellung in hervorragender Weise gegeben. [2]

Er verbindet die Darstellung der Hektik der amerikanischen Börsen, die jeden Freitag vor Bekanntgabe der Meldungen über die Entwicklung der Geldmengenaggregate entsteht, über die Gewinne NATHAN ROTHSCHILDs an der Londoner Börse aufgrund der Kenntnis über den Ausgang der Schlacht bei Waterloo und dem daraus gefolgerten Verhalten der anderen Anleger, mit einer politischen Rede von CICERO im Jahre 66 v. Chr., in der er sich dafür einsetzt, "das von dem Tribunen C. MANILIUS vorgeschlagene Gesetz anzunehmen und POMPEJUS mit dem Oberbefehl gegen MITHRIDATES und TIGRANES zu betrauen. [3] Zur Begründung

---

1) Vgl. ARBEL, A., CARVELL, S., POSTNIEKS, E., The Smart Crash of October 19th, in: Harvard Business Review, 66 (3/1988), S. 124-136; BARATTA, J., WUMMEL, D., Der 19. Oktober 1987, Terminmärkte, Programm-Handel und Portfolio-Versicherung, in: Die Bank, 28(1988), S. 141-149; PATERSON, R., The efficient Market: An Alternative View, in: The Accountant's Magazine, 92(1988), No. 980, S. 25

2) ISSING, O., Rationale Erwartungen - im Jahre 67 vor Christus, in: Kyklos, 38(1985), S. 104-105

3) Vgl. CICERO, M. T., Sämtliche Reden, eingeleitet, übersetzt und erläutert von FUHRMANN, M., Bd. I, Zürich 1970, S. 323 ff, zitiert nach ISSING, O., Rationale Erwartungen - ..., S. 105

verweist CICERO auf die militärischen Erfolge des POMPEJUS, u. a. im Krieg gegen die Seeräuber, und das Ansehen bei Freunden und Feinden, das er sich dabei erworben hat. In diesem Zusammenhang fügt CICERO an: (...) « An dem Tag, da er von euch zum Oberbefehlshaber im Seeräuberkrieg bestimmt wurde, fiel der Getreidepreis nach schlimmster Not und Teuerung plötzlich auf einen so niedrigen Stand, wie ihn ein anhaltender Friede trotz größter Fruchtbarkeit des Bodens kaum hätte bewirken können. Das vermochten die Erwartung und der Name, die sich an *einen* Mann knüpften. »[1)]

Auch wenn die Zeitangabe über die Geschwindigkeit des Anpassungsprozesses eine rhetorische Übertreibung sein mag, so bleibt doch zweierlei festzuhalten:[2)]

1. Der Getreidepreis ändert sich drastisch allein aufgrund einer neuen Information.
2. CICERO erkennt den Zusammenhang - oder soll man sagen, er verfügt über das richtige Erklärungsmodell?"[3)]

Diese beiden Aussagen beschreiben die Grundlage einer jeden Untersuchung, die sich mit der Theorie rationaler Erwartungen bzw. mit dem Teilaspekt der Informa-

---

1) Vgl. CICERO, M. T., Sämtliche Reden ..., S. 348 (Hervorhebung im Original)

2) An anderer Stelle berichtet allerdings CICERO, daß der Zinssatz an einem einzigen Tag von 4 auf 8% gestiegen ist - und das aufgrund der Nachricht über eine Vereinbarung, die den Einsatz immenser Summen im Wahlkampf vorsah; ein weiteres Beispiel zur Historie rationaler Erwartungen. ISSING, O., Eigennutz und Politikerverhalten, in: HANUSCH, H., ROSKAMP, K. W., WISEMANN, J. (Hrsg.), Staat und politische Ökonomie heute, Horst Claus RECKTENWALD zum 65. Geburtstag, Stuttgart 1985, S. 27

3) ISSING, O., Rationale Erwartungen - im Jahre 67 vor Christus, in: Kyklos, 38(1985), S. 105

tionseffizienz beschäftigt; so wird auch in der vorliegenden Arbeit zunächst beschrieben, in welchem theoretischen Verhältnis Preisvariationen und Informationsstandänderungen stehen.

Aufbauend auf der von FAMA [1] eingeführten, bereits als klassisch zu bezeichnenden Art der Informationstypisierung, wird ein zu dieser pragmatischen Form alternatives Konzept von NEUMANN und KLEIN [2] vorgestellt, das die unterschiedliche Verfügbarkeit der Informationen anhand der anfallenden Grenzkosten der Informationsbeschaffung und -verarbeitung deutlich werden läßt. Nach Klärung dieses, für die Testeinordnung grundlegenden Problems, erfolgt der Übergang zur zweiten Aussage, d. h. zu der Frage nach dem richtigen Erklärungsmodell für den Informationseffizienztest.

Behandelt werden drei Modelle, die voraussetzen, daß die Marktgleichgewichtsbedingungen in Form erwarteter Renditen beschrieben werden können. Begonnen wird mit dem ältesten, dem Random Walk Modell, es folgt dann die Darstellung des Martingal- bzw. Submartingal-Modells und schließlich des Fair Game Modells, wobei bei der Behandlung des letzten sowohl die fehlerhafte erste [3], die unverständlicherweise heute immer noch verwendet wird, als auch die nach dem Einwand von LeROY [4] korrigierte zweite Formulierung [5] von FAMA erläutert wird.

---

1) Vgl. FAMA, E. F., Efficient Capital Markets: A Review of Theory and Empirical Work, in: JoF, 25(1970), S. 383-417

2) Vgl. NEUMANN, M. J. M., KLEIN, M., Probleme der Theorie effizienter Märkte und ihrer empirischen Überprüfung, in: KuK, 15(1982), S. 165-187

3) Vgl. FAMA, E. F., Efficient Capital Markets ..., S. 384 f

4) Vgl. LeROY, S. F., Efficient Capital Markets: Comment, in: JoF, 31(1976), S. 139 f

5) Vgl. FAMA, E. F., Reply, in: JoF, 31(1976), S. 143-145

Aus diesen Modellen resultiert ein wesentlicher Bestandteil der zu formulierenden Testhypothesen, nämlich die Notwendigkeit von Annahmen über das Renditeverhalten der risikobehafteten Wertpapiere. Dieser Bedarf - die Einführung eines weiteren Erklärungsmodelltyps - zeigt, daß es sich bei den Tests bezüglich der Informationseffizienz des Kapitalmarktes immer um einen verbundenen Hypothesentest handelt, d. h. die Interpretation der Ergebnisse hat immer zu beachten, daß es zwei mögliche Fehlerquellen gibt, das unterstellte Erklärungsmodell der Informationseffizienz des Kapitalmarktes und das verwendete Renditeerklärungsmodell.

Im Anschluß daran erfolgt die Darstellung zweier Renditemodelle.

Behandelt werden an dieser Stelle das CAPM sowie das "Markt-Modell", die beide die Risikoscheu der Investoren berücksichtigen, mit dem Unterschied, daß es sich beim "Markt-Modell" nur um einen ad-hoc-Ansatz der Ertragsratenerklärung handelt, der im Gegensatz zur Herleitung des CAPM von keiner Theorie unterstützt wird.[1)]

Für die empirische Anwendung, d. h. die Schätzformen der beiden Modelle, ergeben sich allerdings die gleichen Schwierigkeiten, da beide üblicherweise über eine Regressionsanalyse ermittelt werden. Diese Technik hat zwei, für die Untersuchung wesentliche Schwierigkeiten, erstens die Notwendigkeit der Unabhängigkeit der Residuen für den Regressionsansatz, die auf der einen Seite ein "Wegdiversifizieren" des unsystemati-

---

1) Vgl. COPELAND, T. E., WESTON, J. F., Financial Theory and Corporate Policy, 2. Aufl., Reading (Mass.) et al. 1983, S. 318

schen Risikos unmöglich machen, sowie zweitens die beim Regressionsansatz unterstellte Konstanz der Regressionsparameter, die einen von MUTH [1], dem Begründer der Theorie der rationalen Erwartungen, geforderten Lernprozeß der Individuen ausschließt.

Trotz dieser Schwierigkeiten wird das CAPM dazu verwendet, sogenannte Performance Maße abzuleiten, die neben der Rendite auch gleichzeitig das Risiko einer Anlage berücksichtigen. Dargestellt werden die Maße von JENSEN, SHARPE und TREYNOR [2], wobei gezeigt werden kann, daß aufgrund der in der Herleitung benutzten Voraussetzungen die Verwendung des Sharpeschen Maßes sinnlos ist.

Neben diesen klassischen Formen werden einige andere Versuche angeführt, die Performance Messung zu verbessern. Die meisten dieser Ansätze beschäftigen sich mit Substituten des für das CAPM charakteristischen theoretischen Marktportefeuilles. Dieses auf theoretischer Ebene wohldefinierte Portefeuille stellt eine erhebliche Problematik der empirischen CAPM-Tests dar, da seine empirische Ermittlung unmöglich ist. [3]

Die Summe der Probleme, die beim Übergang von der theoretischen Betrachtung auf die empirische Verarbeitung von Kapitalmarktdaten entsteht, führt deshalb zum Test zweier verbundener Hypothesen, deren zweite in der vorliegenden Arbeit in insgesamt sieben Varianten getestet wird.

---

1) Vgl. MUTH, J. F., Rational Expectations and the Theory of Price Movements, in: Econometrica, 29(1961), S. 315-335

2) Vgl. FRIEND, I., BLUME, M., Measurement of Portfolio Performance under Uncertainty, in: AER, 60(1970), S. 561-575

3) Vgl. ROLL, R. A., Critique of the Asset Pricing Theory's Test's, Part I: On Test and Potential Testability of the Theory, in: JFE, 4(1977), S. 129-176

Die erste der beiden im Verbund stehenden Hypothesen lautet:

> Die vom Markt verarbeitete Information entspricht der verfügbaren; für das Fair Game Modell bedeutet das, daß die subjektiven Wahrscheinlichkeiten der Marktteilnehmer der objektiven (oder natürlichen) entspricht, so daß es unmöglich ist, systematische Überschußrenditen zu erzielen.

Zur Ablehnung dieser Hypothese ist es unnötig, ein überlegenes Prognoseverfahren zu entwickeln, da es ausreicht, ex post Überschußrenditen oder besser: systematische Prognosefehler des Marktes aufzuzeigen.

Der zweite Teil der Testhypothese betrifft die sieben zugrunde gelegten Renditeerklärungsmodelle, von denen fünf (ein Anleihe-Portefeuille und vier verschiedene Aktien-Benchmark-Portefeuilles) keine Risikoaspekte berücksichtigen. Die zwei risikobereinigenden Analysen werden mit Hilfe des TREYNOR Maßes [1] durchgeführt, das mit Buy & Hold Indices der gesamten vorliegenden Stichprobe bzw. zweier Branchen berechnet wird. Die Problematik der Lernfähigkeit wird dabei durch eine gleitende Berechnung der Parameter über 250 Börsentage berücksichtigt.

Festzulegen für den Test dieser Hypothesen ist nun die Wahl des Testverfahrens, die Art der verfügbaren Information sowie die Bestimmung einer zieladäquaten Stichprobe.

Das in der vorliegenden Arbeit verwendete Verfahren der Diskriminanzanalyse ist in der Literatur zur Kapitalmarkteffizienz unüblich und wird deshalb ausführlich dargestellt.

---

1) Vgl. FRIEND, I., BLUME, M., Measurement of Portfolio ..., S. 561-575

Zunächst wird am Beispiel der Maximum-Likelihood-Diskriminanzregel in das Verfahren eingeführt, wobei nach einer Überleitung vom eindimensionalen zum mehrdimensionalen Fall die an die Stichprobe zu stellenden Verteilungsvoraussetzungen deutlich gemacht werden. Schließlich erfolgt noch eine kurze Einführung in die Fishersche und die Bayessche Diskriminanzregel, die vom für die Testauswertung benutzten SPSS-X Algorithmus [1)] verwendet werden. Ein Abschnitt über Kriterien zur Beurteilung der Diskriminanzfunktion schließt das Kapitel ab.

Die Wahl eines diskriminanzanalytischen Verfahrens liegt in der Absicht des Tests begründet, systematische Überschußrenditen von unsystematischen zu trennen und zwar in der Form, daß das ex post ermittelte Ergebnis als Grundlage einer Strategie dienen kann, die ex ante Überschußrenditen, gemessen an verschiedenen Referenzmodellen, erzielt.

Der Grundsatz der Diskriminanzanalyse verdeutlicht die Auswahl dieser Methode:

Jedes Untersuchungsobjekt, das durch ein oder mehrere Merkmale beschrieben wird, stamme aus einer von zwei oder mehr wohldefinierten disjunkten Gruppen. Es sei bekannt, daß sich die betrachteten empirischen Untersuchungsobjekte auf diese Gruppen verteilen; man kann nun zwar die Ausprägung der Merkmale des Untersuchungsobjekts beobachten, kennt aber die Gruppenzugehörigkeit dieses einzelnen Objekts nicht.

---

1) Verwendet wurde die SPSS-X Programmversion 2.2, die auf den Rechenanlagen HP 3000/48 und IBM 9370-090 des Rechenzentrums der Universität Passau implementiert ist.

Die Übertragung auf das in der vorliegenden Arbeit behandelte Problem erfolgt nun in der Weise, daß die Zeitreihe der Kurse eines Wertpapiers in sich überlappende gleichlange Perioden zerlegt wird, die dann anhand einer Referenzgröße in eine Gruppe von Perioden mit und eine Gruppe von Perioden ohne Überschußrenditen eingeteilt werden. Die betrachteten Untersuchungsobjekte sind daher Perioden mit Renditen, die in solche mit systematischen und solche ohne systematische Überschußrenditen zu klassifizieren sind. [1] Die beobachtbaren Merkmale der Untersuchungsobjekte werden durch weiter unten besprochene Verfahren der technischen Aktienanalyse zur Verfügung gestellt. Die Diskriminanzanalyse wird - zumindest in diesem Zusammenhang - erstmalig als Verfahren der Zeitreihenanalyse eingesetzt.

Eine sehr ähnliche Vorgehensweise wird von LERBINGER [2] gewählt, mit allerdings im Detail gravierenden Unterschieden.

LERBINGER geht von einer Grundgesamtheit an Kauf- und Verkaufssignalen, ermittelt mit einer Formations- und Trendlinienanalyse der Linien-Charts von 40 deutschen Aktiengesellschaften, aus, die er dann einer Querschnittsanalyse unterzieht, wobei eine Gruppentrennung in ex post effiziente und nicht effiziente Kauf- bzw. Verkaufssignale vorgenommen wird.

Bei der Definition der Effizienz legt LERBINGER folgende Bedingungen fest: [3]

---

1) Vgl. zur Verdeutlichung Anhang 5

2) Vgl. LERBINGER, P., Aktienkursprognose durch Linienchart-Formationen und Trendlinien, München 1984

3) Vgl. LERBINGER, P., Aktienkursprognose und Linienchart-Formationen und Trendlinien, in: AG, 33(1988), S. 10

Ein Kaufsignal ist effizient, wenn ab dem Tag des Empfangs des Signals innerhalb von 200 Börsentagen ein Kursanstieg von mindestens 2,7% (= vermuteter Spesensatz) erfolgt und gleichzeitig der Kurs nach dem Kaufsignal nicht um über 10% fällt; auf Ineffizienz wird geschlossen, wenn mindestens ein Kriterium nicht erfüllt ist. Für das Verkaufssignal gelten die analogen Vorschriften.

Die für die Diskriminanzanalyse notwendigen Merkmale leitet LERBINGER zum Teil aus einem Parameterkonzept ab, mit dem er eine eindeutige Identifikation der Signale versucht; elf weitere Kennzahlen bezeichnet er als formationsindifferente Parameter und sechs als generelle Parameter.

Zusammenfassend kann gesagt werden:

LERBINGER untersucht in einer Querschnittsanalyse eine Reihe von Linienchart-Formationen und Trendliniensignalen unabhängig vom Unternehmen [1] und Zeitpunkt des Signals auf die Richtigkeit oder Vertrauenswürdigkeit, der in der Literatur vorgenommenen Interpretation als Kauf- bzw. Verkaufssignal.

Dieses Ziel ist für die vorliegende Untersuchung vollkommen unerheblich, da die beschreibenden Merkmale als wertfreie Informationen interpretiert werden sollen, die von der technischen Aktienanalyse einen Tag vor Beginn des Tages, von dem aus die Periodenrendite berechnet wird, zur Verfügung gestellt werden.

---

1) Lediglich die Branchenzugehörigkeit wird als diskrete Variable (= Dummy-Variable) verwendet (vgl. LERBINGER, P., Aktienkursprognose durch Linienchart-Formationen ... (1988), S. 14)

Zur Darstellung der auf Informationen der technischen Aktienanalyse beruhenden Merkmale erfolgt eine Einführung in die technische Aktienanalyse, die das Kapitel der theoretischen und methodischen Abgrenzungen der Untersuchung abschließt. Besprochen werden Verfahren, die die Lage des Gesamtmarktes beurteilen wollen - die Dow-Theory und verschiedene Marktindikatoren -, sowie die technische Analyse einzelner Wertpapiere. Bei den Einzelanalysen werden zum einen die Linien-, die Bar- und die Point&Figure-Charts behandelt, und mit ihrer Hilfe eine Trendlinien- und Formationsanalyse durchgeführt, und zum anderen die Verfahren der relativen Stärke nach LEVY [1], die gleitenden Durchschnitte und der Resistance-Support Chart in die Analyse eingeführt.

Bei allen diesen sogenannten technischen Verfahren handelt es sich um theoretisch nicht fundierte Vorgehensweisen, sondern nur um Kennzahlen und Regeln, die von ihren Verfassern aufgrund persönlicher Erfahrungen oder "Marktbeobachtungen" - für den Außenstehenden: willkürlich - aufgestellt worden sind.

Die aus diesen Konzepten abgeleiteten Signale werden üblicherweise jeweils einzeln betrachtet und dann in beliebiger Auswahl und Gewichtung zur Entscheidungsfindung benutzt.

Diese Beliebigkeit wird in der vorliegenden Untersuchung durch das Verfahren der Diskriminanzanalyse aufgehoben, die in ihrem Ergebnis für jedes Wertpapier eine genaue Gewichtung der auf insgesamt 27 Kennzahlen komprimierten technischen verfügbaren Informationen vorschreibt.

---

1) Vgl. LEVY, R. A., The Relative Strength Concept of Common Stock Price Forecasting, Larchmont (N. Y.) 1968

Bei der empirischen Analyse, die im letzten großen Abschnitt erfolgt, handelt es sich um die Auswertung einer selbsterstellten Stichprobe; es wurde eine Anzahl deutscher börsennotierter Aktiengesellschaften anhand von Unternehmensdaten ausgewählt, um auch eventuelle systematische sogenannte fundamentale Verhaltensweisen erfassen zu können.

Auf der Grundlage dieser Anforderung wurden die Unternehmen der Chemie- und Maschinenbaubranche ausgewählt sowie weitere Unternehmen, an denen ein eventueller Größeneffekt beobachtet werden sollte.

Bei den nach dem Größenkriterium ausgesuchten Werten handelt es sich um Aktien der fünf prozentual am stärksten und am schwächsten in den FAZ-Aktienindex eingehenden Aktiengesellschaften.

Erhoben wurden für diese insgesamt 57 Gesellschaften die Tageseinheitskurse vom 4. Januar 1982 bis zum 30. Dezember 1987, sowie die Freitagseinheitskurse vom 2. Januar 1976 bis zum 30. Dezember 1981 der Frankfurter Börse bzw. bei dortiger Nichtnotierung der jeweiligen Heimatbörse.

Zusätzlich zu diesen Daten wurden jene Bilanz- und GuV-Werte der Jahre 1976 bis 1986 ermittelt, die für die Indexberechnung als auch für die Durchführung der Operation Blanche nötig sind.

Zur Ermittlung des risikofreien Zinssatzes ist für den Zeitraum von Januar 1977 bis Dezember 1986 die Rendite der umlaufenden Bundesanleihen mit einer Restlaufzeit von einem Jahr erhoben worden.

Aufbauend auf diesen Daten erfolgt die Untersuchung zunächst aufgegliedert nach der Länge des Zeitraumes der zugrunde gelegten Einperiodenrendite.

$$\frac{1}{\sqrt{(2\pi)^n \det(\underline{\Sigma}_1)}} \, e^{-\frac{1}{2}(\underline{x}-\underline{\mu}_1)'\underline{\Sigma}_1^{-1}(\underline{x}-\underline{\mu}_1)} >$$

$$\frac{1}{\sqrt{(2\pi)^n \det(\underline{\Sigma}_2)}} \, e^{-\frac{1}{2}(\underline{x}-\underline{\mu}_2)'\underline{\Sigma}_2^{-1}(\underline{x}-\underline{\mu}_2)}$$

d. h.

$$-\frac{1}{2}\log(\det(\Sigma_1)) - \frac{1}{2}(x-\mu_1)'\Sigma_1^{-1}(x-\mu_1) >$$

$$-\frac{1}{2}\log(\det(\Sigma_2)) - \frac{1}{2}(x-\mu_2)'\Sigma_2^{-1}(x-\mu_2)$$

$$\log\left[\frac{\det(\Sigma_1)}{\det(\Sigma_2)}\right] - x'\Sigma_1^{-1}x + x'\Sigma_1^{-1}\mu_1 + \mu_1'\Sigma_1^{-1}x - \mu_1'\Sigma_1^{-1}\mu_1 >$$

$$-x'\Sigma_2^{-1}x + x'\Sigma_2^{-1}\mu_2 + \mu_2'\Sigma_2^{-1}x - \mu_2'\Sigma_2^{-1}\mu_2$$

und damit ergibt sich

$$(2.9) \qquad \underline{\mu}_2'\underline{\Sigma}_2^{-1}\underline{\mu}_2 - \underline{\mu}_1'\underline{\Sigma}_1^{-1}\underline{\mu}_1 - \underline{x}'(\underline{\Sigma}_1^{-1} - \underline{\Sigma}_2^{-1})\underline{x} + 2\underline{x}'(\underline{\Sigma}_1^{-1}\underline{\mu}_1 - \underline{\Sigma}_2^{-1}\underline{\mu}_2) >$$

$$\log(\det(\underline{\Sigma}_2)) - \log(\det(\underline{\Sigma}_1))$$

Man erhält als Trennfunktion eine quadratische Form [1], für die keine weitere Vereinfachung möglich ist.

---

1) Vgl. den eindimensionalen Fall Gleichung (2.5)

c) Die MLD bei multivariater Normalverteilung und unbekannten Parametern $\underline{\mu}_k$ und $\underline{\Sigma}$ (aber gleichen Varianz-Kovarianz-Matrizen)

Oft kann vermutet werden, daß die Merkmale $\underline{\tilde{x}}$ n-variat normalverteilt sind, aber über die Ausprägung der Parameter $\underline{\mu}_k$ und $\underline{\Sigma}$ kann nichts gesagt werden. Dann müssen die Parameter aus einer Stichprobe geschätzt werden.

Die Grundgesamtheit der interessierenden Objekte verteilt sich auf m Gruppen $\pi_k (k = 1,\ldots,m)$. Die Merkmale $\underline{\tilde{x}}_k$ sind jeweils n-variat normalverteilt mit $N_n(\underline{\mu}_k ; \underline{\Sigma})$.

Von den Merkmalen jeder Gruppe wird eine Stichprobe vom Umfang h_k gezogen, so daß sich die Datenmatrizen

$$\underline{x}_k = \begin{pmatrix} x_{11} & \cdots & x_{1j} & \cdots & x_{1n} \\ \vdots & & \vdots & & \vdots \\ x_{i1} & \cdots & x_{ij} & \cdots & x_{in} \\ \vdots & & \vdots & & \vdots \\ x_{h_k 1} & \cdots & x_{h_k j} & \cdots & x_{h_k n} \end{pmatrix}$$

ergeben.

Die Erwartungswertvektoren $\underline{\mu}_k$ werden aus den Mittelwerten der einzelnen Merkmale geschätzt:

$$(2.10) \qquad \underline{\hat{\mu}}_k = \underline{\bar{x}}_k = \frac{1}{h_k} (1\ 1\ 1\ \ldots\ 1) \cdot \underline{x}_k$$

Für $\underline{\Sigma}$ werden zunächst die Streuungsmatrizen jeder Gruppe ermittelt:

$$(2.11) \qquad \underline{S}^*_k = \frac{1}{h_k} (\underline{x}_k - \underline{\bar{x}}_k)(\underline{x}_k - \underline{\bar{x}}_k)'$$

Für $\underline{\hat{\Sigma}}$ ergibt sich dann als gepoolte Varianz-Kovarianz-Matrix:

$$(2.12) \qquad \underline{\hat{\Sigma}} = \underline{S} = \sum_{k=1}^{m} (h_k - 1) \cdot \underline{S}_k^* \cdot \frac{1}{\sum_{k=1}^{m} h_k - m}$$

Ein Untersuchungsobjekt wird dann im Zwei-Gruppen-Fall π_1 zugeordnet, wenn

$$(2.13) \qquad (\underline{\bar{x}}_1 - \underline{\bar{x}}_2)'\underline{S}^{-1}(\underline{x} - \tfrac{1}{2}(\underline{\bar{x}}_1 + \underline{\bar{x}}_2)) > 0$$

ist.

Bei mehr als zwei Gruppen wird die Distanz

$$(2.14) \qquad d_k = (\underline{x} - \underline{\bar{x}}_k)'\underline{S}^{-1}(\underline{x} - \underline{\bar{x}}_k)$$

minimiert.

Zu berücksichtigen ist bei geschätzten Parametern aber auch die Zufallsklassifikation.

Wenn alle Untersuchungsobjekte willkürlich der Gruppe π_k mit maximalen h_k zugeordnet werden, ergibt sich die beste Klassifizierung, die zufällig ist. Die hier auftretende Problematik einer Aussage über die Fehlerraten wird besonders deutlich bei den für Aktiengesellschaften recht häufig durchgeführten Insolvenzprognosen, die bereits eine in diesem Sinne zufällige Klassifizierung - betrachte alle Unternehmen als solvent - von über 95 % erreichen.[1)]

---

1) Vgl. Statistisches Jahrbuch für die Bundesrepublik Deutschland 1976, Hrsg.: Statistisches Bundesamt Wiesbaden, Stuttgart-Mainz 1976, S. 176

Ein Test der Ergebnisse bezüglich der Trennung nach Klassifikation sollte deshalb auch die a priori-Wahrscheinlichkeiten der Gruppenzuordnung berücksichtigen. Dies führt zum Begriff der Wahrscheinlichkeit der Fehlklassifikation. 1)

Die Menge $\mathbb{R}^n$ der theoretisch möglichen Merkmalsvektoren wird zerlegt in jene Teilmengen, die die Klassifikation in die einzelnen Gruppen charakterisieren sollen, d. h.

$$\mathbb{R}^n = \bigcup_{k=1}^{m} \hat{\Omega}_k$$

mit:

$$\hat{\Omega}_k \cap \hat{\Omega}_l = \emptyset \quad , \quad \text{für } k \neq l.$$

Weiter wird $\underline{x}$ der Gruppe π_k genau dann zugeordnet, wenn $\underline{x} \in \hat{\Omega}_k$ gilt. Ziel der Analyse ist eine Charakterisierung der Zerlegung in die $\hat{\Omega}_k$ durch eine numerische Funktion. Mit einer Einteilung in die Mengen $\{\hat{\Omega}_k \mid k = 1,\ldots,m\}$ geht im allgemeinen eine Gefahr der Fehlklassifikation einher, d. h. $\underline{x} \in \hat{\Omega}_k$ wird beobachtet, hingegen gehört das Objekt $\underline{x}$ tatsächlich zu π_l. Diese Gefahr wird in der (l,k)-Fehlklassifikationswahrscheinlichkeit erfaßt.

---

1) In der Literatur ist die Wortwahl bezüglich dieses Begriffs nicht eindeutig. Neben "Wahrscheinlichkeit der Fehlklassifikation" (vgl. z. B. EISENBEIS, R. A., AVERY, R. B., Discriminant Analysis ..., S. 21; KENDALL, M., STUART, A., ORD, J. K., The Advanced Theory ..., S. 388; MARDIA, K. V., KENT, J. T., BIBBY, J. M., Multivariate Analysis ..., S. 320; MORRISON, D. F., Multivariate Statistical Methods, New York et al, 1976, S. 237; TAKEUCHI, K., YANAI, H., MUKHERJEE, D. N., The Foundations of Multivariate Analysis, New York et al., 1982, S. 271; WIESBÖCK, K., Lineare Diskriminanzanalyse ..., S. 96 ff) findet man "tatsächliche Fehlerrate" (vgl. z. B. FAHRMEIR, L., HAMERLE, A., Multivariate statistische Verfahren ..., S. 313, 327; LACHENBRUCH, P. A., Discriminant Analysis ..., S. 30 f; WIESBÖCK, K., Lineare Diskriminanzanalyse ..., S. 96 ff), "Fehlzuordnungswahrscheinlichkeit" (vgl. z. B. MARINELL, G., Multivariate Verfahren, 2. Aufl., München-

Unter Annahme einer bekannten Verteilung in den Gruppen ergibt sich die (l,k)-Fehlklassifikationswahrscheinlichkeit p_{kl} (ein Untersuchungsobjekt gehört zur Gruppe l, wird aber der Gruppe k zugeteilt) zu:

(2.15) $$p_{kl} = \int_{\hat{\Omega}_k} p(\underline{x} \mid l) d\underline{x} \quad , \text{ für } k \neq l$$

mit:

$p(\underline{x} \mid l)$:= bedingte Dichtefunktion von $\underline{x}$ in Gruppe l

$\hat{\Omega}_k$:= ist $\underline{x}$ ein Element aus $\hat{\Omega}_k$, so wird $\underline{x}$ durch die geschätzte Klassifikationsregel der Gruppe k zugeordnet, d. h. $\hat{\Omega}_k$ wird z. B. definiert durch die Zuordnungsregel:

$$\underline{x} \in \hat{\Omega}_1 \iff (\underline{\bar{x}}_1 - \underline{\bar{x}}_2)' \underline{S}^{-1} (\underline{x} - \tfrac{1}{2}(\underline{\bar{x}}_1 + \underline{\bar{x}}_2)) > 0$$

Als Wahrscheinlichkeit der Fehlklassifikation (p^F) ergibt sich dann

(2.16) $$p^F = \sum_{l=1}^{m} \sum_{\substack{k=1 \\ k \neq l}}^{m} \hat{p}(l) \cdot \int_{\hat{\Omega}_k} p(\underline{x} \mid l) d\underline{x}$$

mit:

$\hat{p}(l)$:= Die geschätzte a priori-Wahrscheinlichkeit ein Element aus Gruppe l zu erhalten.

Für m = 2 ergibt sich dann

(2.16') $$p^F = \hat{p}(2) \cdot \int_{\hat{\Omega}_1} p(\underline{x} \mid 2) dx + \hat{p}(1) \cdot \int_{\hat{\Omega}_2} p(\underline{x} \mid 1) dx$$

Wien 1986, S. 55) oder "Verwechslungswahrscheinlichkeit" (vgl. z. B. FAHRMEIR, L., HAMERLE, A., Multivariate statistische Verfahren ..., S. 327).

In der Anwendung auf empirische Fragestellungen haben sich mehrere Verfahren zur Schätzung dieser Wahrscheinlichkeit entwickelt. Die meist verwendeten sind: [1]

i) Die Resubstitutionsmethode: Zur Schätzung wird die gleiche Stichprobe verwendet, aus der auch die Klassifikationsregel abgeleitet wird.

ii) Die Hold-Out-Methode: Die Gesamtstichprobe wird in eine Lernstichprobe (→ Klassifikationsregel) und eine Kontrollstichprobe (→ Fehlklassifikationswahrscheinlichkeit) aufgeteilt.

iii) Die Leaving-One-Out-Methode: Aus der Stichprobe wird jeweils ein Merkmalsvektor herausgenommen. Die Trennfunktion wird für die restlichen Beobachtungen errechnet und dann der herausgenommene Merkmalsvektor mit der ermittelten Funktion zugeordnet. Dies wird für alle Beobachtungen durchgeführt. Als Ergebnis erhält man die Lachenbruchsche Schätzung der Wahrscheinlichkeit der Fehlklassifikation.

Der Unterschied der Methoden liegt nur beim Verfahren der Ermittlung der Anzahl der falsch zugeordneten Objekte h_{kl}. Alle drei schätzen die Wahrscheinlichkeit der Fehlklassifikation $\hat{p}^F$ wie folgt:

$$\hat{p}^F = \sum_{l=1}^{m} \sum_{\substack{k=1 \\ k \neq l}}^{m} \hat{p}_{kl} \cdot \hat{p}(l) \tag{2.17}$$

---

1) Vgl. beispielsweise WIESBÖCK, K., Lineare Diskriminanzanalyse ..., S. 97

mit:

$\hat{p}_{kl} = \frac{h_{kl}}{h_l}$:= Schätzwert der Fehlerrate p_{kl}

h_{kl} := Anzahl der Elemente aus Gruppe l, die Gruppe k zugeordnet werden ($k \neq l$)

h_l := Stichprobenumfang der Gruppe l

$\hat{p}(l)$:= Die geschätzte a priori-Wahrscheinlichkeit ein Objekt aus Gruppe l zu erhalten.

Aufsteigend von i nach iii nimmt sowohl der Rechenzeitaufwand als auch die Annäherung der Schätzer an den Erwartungswert der Fehlerwahrscheinlichkeit zu.[1] Aus diesem Grund ist die Wahl des Verfahrens sowohl vom Zweck der Untersuchung als auch vom Stichprobenumfang abhängig.

Bei der hier gestellten Aufgabe ist die Anwendung der Leaving-One-Out-Methode unmöglich. So würde die Überprüfung bezüglich nur eines Trennkriteriums der ersten Testserie für nur ein Unternehmen das Berechnen von ca. 750 Diskriminanzfunktionen erfordern, für alle Unternehmen ca. 40 000.

---

1) Vgl. zum Nachweis HILLS, M., Allocation Rules and Their Error Rates, in: Journal of the Royal Statistical Society, Serie B, 28(1966),S. 1-20 sowie, wenn auch mit anderer Begriffswahl FUKUNAGA, K., KESSEL, D., Estimation of Classification Error, in: IEEE, Transactions on Computers, C-20(1971), S. 1521-1527

Aufgrund der großen Zahl an Untersuchungsobjekten - zwischen etwa 350 und 900 - bei den einzelnen Stichproben ist aber ohnehin die Verwendung der Resubstitutions- und der Hold-Out-Methode möglich, da, wie auch die Tests bezüglich der unabhängigen Variablen bestätigen, von einer guten Approximation der Diskriminanzwerte an die Normalverteilung ausgegangen werden kann,[1] so daß der Fehler bezüglich der aufgrund der geschätzten und der theoretischen Verteilung berechneten Fehlklassifikationswahrscheinlichkeit gering wird.[2]

d) Die Fishersche Diskriminanzregel (FDR) im Zwei-Gruppen-Fall

Beim Ansatz von FISHER[3] handelt es sich um das älteste Verfahren der Diskriminanzanalyse. Die Idee FISHERs besteht darin, ein n-dimensionales Problem auf ein eindimensionales zu reduzieren, unter Beachtung einer auf Plausibilitätsüberlegungen beruhenden Maximierungsbedingung.[4] Es erfolgt dabei ein Übergang vom Merkmalsvektor $\underline{x}$ zu einer Linearkombination

$$y = \underline{a}'\,\underline{x}$$

---

1) Vgl. TAKEUCHI, K., YANAI, H., MUKHERJEE, B. N., The Foundations of Multivariate ..., S. 271

2) Vgl. EISENBEIS, R. A., AVERY, R. B., Discriminant Analysis ..., S. 21 ff; LACHENBRUCH, P. A., Discriminant Analysis ..., S. 30 ff

3) FISHER, R. A., The Use of Multiple Measurements in Taxonomic Problems, in: Annals of Eugenics 7(1936), S. 179-188

4) FISHER formuliert wie folgt (ebenda, S. 179): "We shall first consider the question: What linear func-

mit:

$\underline{a} = (a_1, \ldots, a_n)'$

= Vektor der Gewichte

$\underline{x}$ = Merkmalsvektor

$y = \{y_k \mid k = 1, \ldots, m\}$

wobei

y_k = Diskriminanzwerte der Gruppe k

Die Überlegungen zur Lösung des Diskriminanzproblems lassen sich graphisch am deutlichsten darstellen. Abbildung (2.1) zeigt die Problematik.

i) Die Diskriminanzwerte $y_k (k=1,2)$ sollen möglichst weit auseinander liegen, d. h. der Abstand $\bar{y}_1 - \bar{y}_2$ soll groß sein!

ii) Die Streuung S_y von y soll möglichst klein sein.

---

tion of the four measurements $X = \lambda_1 x_1 + \lambda_2 x_2 + \lambda_3 x_3 + \lambda_4 x_4$ will maximize the ratio of the difference between the specific means to the standard deviations within species?"

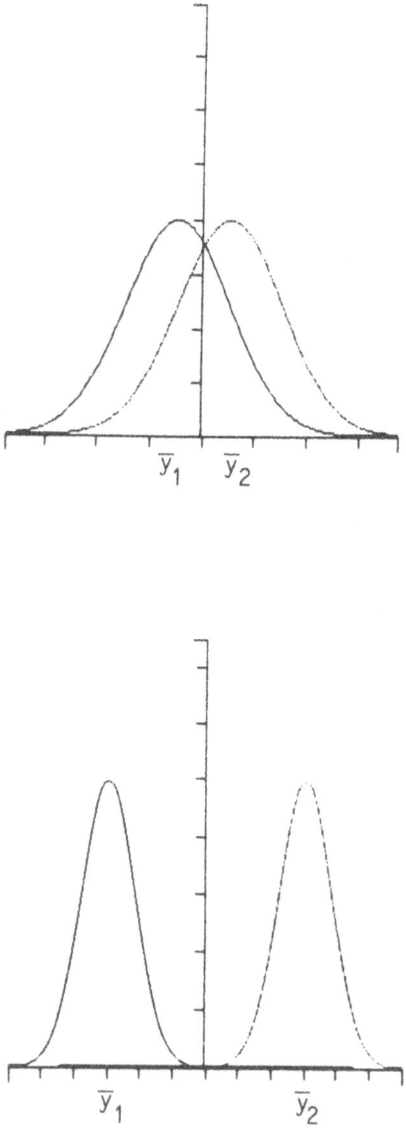

Abbildung 2.1

Es seien zwei beobachtete Datenmatrizen $\underline{x}_1$ und $\underline{x}_2$ gegeben, die jeweils zur Population π_1 bzw. π_2 gehören. Über die Verteilung der Daten ist nichts bekannt. Gesucht wird eine lineare Trennfunktion der Form

$$(2.18) \qquad y = \sum_{j=1}^{n} a_j x_j = \underline{a}'\underline{x} \quad ,$$

welche als Trennkriterium für einen Datenvektor

$\underline{x} = \begin{pmatrix} x_1 \\ \vdots \\ x_n \end{pmatrix}$ fungieren soll. Die Fishersche Trennfunktion soll als eine mögliche Lösung der beiden Bedingungen i) und ii) den Quotienten $Q = (\bar{y}_1 - \bar{y}_2)^2 / s_y$ bzgl. $\underline{a}$ maximieren!

Es gilt wegen Gleichung (2.18), daß

$$(2.19) \qquad d = \bar{y}_1 - \bar{y}_2 = \underline{a}'(\underline{\bar{x}}_1 - \underline{\bar{x}}_2)$$

und

$$(2.20) \qquad s = s_y = \underline{a}'\,\underline{S}\,\underline{a} \quad \text{ist;}$$

mit $\underline{S}$ als gepoolter Varianz-Kovarianz-Matrix von $\underline{x}_1$ und $\underline{x}_2$.

D. h.

$$(2.21) \qquad Q = \frac{d^2}{s} := \frac{\text{(erklärte) Streuung zwischen den Gruppen}}{\text{(nicht erklärte) Streuung über alle Gruppen}}$$

Die notwendige Bedingung der Maximierung von Q lautet:

$$(2.22) \qquad \frac{dQ}{da} = \frac{d}{da}\left[\frac{d^2}{s}\right] = \frac{d}{da}(((\bar{x}_1 - \bar{x}_2)'a)^2 \cdot (a'S\,a)^{-1}) = 0$$

Nach Anwendung der Produktregel erhält man:

$$(2.22') \qquad 2\,d \cdot (\bar{x}_1 - \bar{x}_2)' \cdot s^{-1} - d^2 \cdot s^{-2} \cdot 2\,a'S = 0$$

$$2\,((\bar{x}_1 - \bar{x}_2)' \cdot a) \cdot (\bar{x}_1 - \bar{x}_2)' \cdot s^{-1} - 2 \cdot d^2 \cdot s^{-2} \cdot a'S = 0$$

$$2 \cdot a' \cdot (\bar{x}_1 - \bar{x}_2) \cdot (\bar{x}_1 - \bar{x}_2)' \cdot s^{-1} - 2 \cdot d^2 \cdot s^{-2} \cdot a'S = 0$$

$$a'(\bar{x}_1 - \bar{x}_2)\,(\bar{x}_1 - \bar{x}_2)' - d^2 \cdot s^{-1} \cdot a'S = 0$$

oder

$$(2.23) \qquad a'\{(\bar{x}_1 - \bar{x}_2)\,(\bar{x}_1 - \bar{x}_2)'S^{-1} - \frac{d^2}{s}\} = 0\,.$$

Mit

$$\lambda := \text{const.} = \frac{d^2}{s}$$

und

$$K = (\underline{\bar{x}}_1 - \underline{\bar{x}}_2)\,(\underline{\bar{x}}_1 - \underline{\bar{x}}_2)'\underline{S}^{-1}$$

$$I = \text{Einheitsmatrix}$$

folgt aus Gleichung (2.23)

$$(2.24) \qquad a'(K - \lambda I) = 0.$$

λ ist also Eigenwert der Matrix $K = (\underline{\bar{x}}_1 - \underline{\bar{x}}_2)(\underline{\bar{x}}_1 - \underline{\bar{x}}_2)' \cdot S^{-1}$ mit dem zugehörigen Eigenvektor $\underline{a}$.

Die Frage, welcher der maximal n Eigenwerte das Optimierungsproblem löst, ergibt sich aus der Tatsache:

$$(2.25) \qquad \lambda = \frac{d^2}{s}$$

D. h. von allen möglichen Eigenwerten ist der maximale zu verwenden.

Die Klassifizierung der Objekte erfolgt im Anschluß an die Berechnung von $y = \underline{a}'\underline{x}$ nach der aus der Plausibilitätsüberlegung gefolgerten Regel, daß das Objekt der Gruppe l zugeordnet wird, wenn y näher bei $\bar{y}_l$ als bei $\bar{y}_k$ liegt für $k = 1,\ldots,m$ und $k \neq l$. D. h. im Falle zweier Gruppen wird das Objekt π_1 zugewiesen, falls

$$(2.26) \qquad |y - \bar{y}_1| < |y - \bar{y}_2|$$

oder

$$(2.26') \qquad y > \frac{1}{2}(\bar{y}_1 + \bar{y}_2)$$

Aus Gleichung (2.22')

$$2\,d\,(\bar{x}_1 - \bar{x}_2)' \cdot s^{-1} - d^2 \cdot s^{-2} \cdot 2\,a'\,S = 0$$

folgt, daß

$$(\bar{x}_1 - \bar{x}_2)' = \phi \cdot a'S$$

mit:

$$\phi := \frac{d}{s} = \text{const.}$$

und damit für a' (bis auf einen konstanten Faktor):

(2.27) $$a' = (\bar{x}_1 - \bar{x}_2)'S^{-1} .$$

D. h., für die Zuordnungsregel folgt aus den Gleichungen (2.22') und (2.26'), daß das Untersuchungsobjekt in Gruppe π_1 eingeordnet wird, wenn

(2.28) $$\frac{1}{\phi} \cdot (\underline{\bar{x}}_1 - \underline{\bar{x}}_2)'\underline{S}^{-1}(\underline{x} - \frac{1}{2}(\underline{\bar{x}}_1 + \underline{\bar{x}}_2)) > 0.$$

Diese Gleichung entspricht bis auf den für die Klassifikation irrelevanten Faktor ϕ der Gleichung (2.13), d. h. die MLD-Regel bei Normalverteilung und gleichen Var-Cov-Matrizen kann als Spezialfall der Fisherschen Diskriminanzregel aufgefaßt werden.

Hieraus kann gefolgert werden, daß selbst bei Verletzung der Normalverteilungsannahme, die auf Plausibilitätsüberlegungen beruhende FDR zufriedenstellende Ergebnisse liefert, solange die Verteilungen der Merkmale symmetrisch sind.[1)]

Dieses Verfahren wird vom SPSS-X-Algorithmus zur Variablenreduktion verwendet[2)], d. h. nach Ermittlung der Diskriminanzfunktion $y = a'x$ werden für den Klassifizierungsprozeß nur noch die y-Werte verwendet.

e) Die Bayessche Diskriminanzregel (BDR)

Bisher wurde bei den theoretischen Verteilungen davon ausgegangen, daß die Anzahl der Objekte in jeder Gruppe etwa gleich ist (bzw. nicht berücksichtigt). Es ist aber zum Beispiel folgende abweichende Situation denkbar:

π_1 : insolvente Unternehmen

π_2 : solvente Unternehmen

Merkmal $\tilde{x}$: Lieferantenkredite in Mio. DM am Bilanzstichtag (zwei Jahre vor Insolvenz)

$$\pi_1 : \tilde{x}_1 \sim g_{\tilde{x}_1}(x \mid 10) \qquad \pi_2 : \tilde{x}_2 \sim g_{\tilde{x}_2}(x \mid 0{,}5)$$

$$\text{Poissonverteilt: } g(x \mid \lambda) = \frac{e^{-\lambda} \lambda^x}{x!}$$

---

1) Vgl. FAHRMEIR, L., HAMERLE, A., Multivariate statistische Verfahren ..., S. 323; MARDIA, K. V., KENT, J. T., BIBBY, J. M., Multivariate Analysis ..., S. 320

2) Vgl. WIESBÖCK, K., Lineare Diskriminanzanalyse ..., S. 136 ff

Nach der MLD-Regel wird das Untersuchungsobjekt π_1 zugeordnet, wenn $g_{\tilde{X}_1}(x) > g_{\tilde{X}_2}(x)$.

Sei x = 5, dann folgt

$$\pi_1 : g_{\tilde{X}_1}(5 \mid 10) = \frac{e^{-10} \cdot 10^5}{5\,!} = 0{,}0378$$

$$\pi_2 : g_{\tilde{X}_2}(5 \mid 0{,}5) = \frac{e^{-0{,}5} \cdot 0{,}5^5}{5\,!} = 0{,}000158$$

D. h., da $L_1(x) > L_2(x)$ wird das Unternehmen der Gruppe π_1 zugeordnet!

Niemand würde aber diesem Unternehmen nur aufgrund dieser einen Kennzahl trotz bekannter Verteilung eine Insolvenzgefährdung bescheinigen, da von vornherein die Wahrscheinlichkeit insolvent zu werden, bedeutend geringer ist als die, solvent zu bleiben.

Die BDR berücksichtigt deshalb die a priori-Wahrscheinlichkeiten der Gruppenzuordnung explizit. [1)]

Die Zuordnungsregel wird bestimmt über die Minimierung der theoretischen Fehlklassifikationswahrscheinlichkeiten.

---

1) Vgl. dazu ANDERSON, T. W., Classification by Multivariate Analysis, in: Psychometrika 16(1951), S. 31-50, insb. S. 34-37

Ausgehend von Gleichung (2.16) erhält man bei Zugrundelegung theoretischer Verteilungen (für den Zwei-Gruppen-Fall):

$$p^F = p(2) \cdot \int_{\Omega_1} p(\underline{x} \mid 2)\, dx + p(1) \cdot \int_{\Omega_2} p(\underline{x} \mid 1)\, d\underline{x}$$

$$= p(2) \cdot \left(1 - \int_{\Omega_2} p(\underline{x} \mid 2) d\underline{x}\right) + p(1) \cdot \int_{\Omega_2} p(\underline{x} \mid 1)\, d\underline{x}$$

$$= p(1) \cdot \int_{\Omega_2} p(\underline{x} \mid 1)\, d\underline{x} - p(2) \int_{\Omega_2} p(\underline{x} \mid 2)\, dx + p(2)$$

(2.29) $$p^F = \int_{\Omega_2} p(1)\, p\,(\underline{x} \mid 1) - p(2)\, p\,(\underline{x} \mid 2)\, d\underline{x} + p(2)$$

D. h. p^F wird dann minimal, wenn Ω_2 durch folgende Zuordnungsregel definiert ist:

(2.30) $$\underline{x} \in \Omega_2 \iff p(1) \cdot p(\underline{x} \mid 1) - p(2)\, p\,(\underline{x} \mid 2) < 0$$

oder

(2.30') $$\underline{x} \in \Omega_2 \iff p(1) \cdot p(\underline{x} \mid 1) < p(2)\, p\,(\underline{x} \mid 2).$$

Für den Fall n normalverteilter Merkmale und gleicher Varianz-Kovarianz-Matrizen ergibt sich für die BDR bei zwei Gruppen folgende Formulierung:

Das Objekt wird π_2 zugeordnet, wenn

$$p(1) \cdot \frac{1}{\sqrt{(2\pi)^n \det(\underline{\Sigma})}} \, e^{-\frac{1}{2}(\underline{x}-\underline{\mu}_1)'\underline{\Sigma}^{-1}(\underline{x}-\underline{\mu}_1)} <$$

$$p(2) \cdot \frac{1}{\sqrt{(2\pi)^n \det(\underline{\Sigma})}} \, e^{-\frac{1}{2}(\underline{x}-\underline{\mu}_2)'\underline{\Sigma}^{-1}(\underline{x}-\underline{\mu}_2)}$$

oder

$$\log p(1) - \frac{1}{2}(\underline{x}-\underline{\mu}_1)'\underline{\Sigma}^{-1}(\underline{x}-\underline{\mu}_1) <$$

$$\log p(2) - \frac{1}{2}(\underline{x}-\underline{\mu}_2)'\underline{\Sigma}^{-1}(\underline{x}-\underline{\mu}_2)$$

$$(2.31) \qquad (\underline{\mu}_1-\underline{\mu}_2)'\underline{\Sigma}^{-1}\left(\underline{x}-\frac{1}{2}(\underline{\mu}_1+\underline{\mu}_2)\right) <$$

$$\log p(2) - \log p(1) = \log \frac{p(2)}{p(1)}$$

Als Spezialfall erhält man für gleiche a priori-Wahrscheinlichkeiten wieder das Ergebnis der MLD bei multivariater Normalverteilung und gleichen Varianz-Kovarianz-Matrizen.

Mit Hilfe dieses Verfahrens erfolgt der Klassifizierungsprozeß im SPSS-X-Algorithmus, wobei nur die aufgrund der FDR ermittelten Diskriminanzwerte verwendet werden und nicht die Merkmalsausprägungen. [1)]

3. Kriterien zur Beurteilung der Diskriminanzfunktion

Neben dem Kriterium der Wahrscheinlichkeit der Fehlklassifikation werden für die Beurteilung der Diskriminanzfunktion sowohl für die Trennstärke, als auch für den relativen Beitrag einzelner Variablen zur Erklärung der Streuung der Diskriminanzwerte der Objekte weitere Kriterien herangezogen.

a) Die Güte der Gruppentrennung

Die Herleitung der FDR hat gezeigt, daß die Gruppentrennung um so besser ist, je größer der Eigenwert ist. Aus Gleichung (2.25) und (2.21) folgt, daß

$$\lambda = \frac{d^2}{s} = \frac{\text{erklärte Streuung}}{\text{nicht erklärte Streuung}} \quad .$$

Da λ beliebig große Werte annehmen kann, erfolgt eine Umformung, die eine bessere Interpretation - in Anlehnung an das Bestimmtheitsmaß R^2 der Regressionsanalyse - erlaubt.

---

1) Vgl. WIESBÖCK, K., Lineare Diskriminanzanalyse ..., S. 138 f

(2.32) $$\frac{\text{erklärte Streuung}}{\text{Gesamtstreuung}} = \frac{d^2}{d^2+s} = \frac{\frac{d^2}{s}}{\frac{d^2}{s}+1} = \frac{\lambda}{\lambda+1}$$

Die Wurzel aus (2.32) wird als kanonischer Korrelationskoeffizient bezeichnet.

Das in der Literatur häufiger verwendete - wenn auch analog zu interpretierende Gütemaß - ist WILKS' Lambda Λ:

(2.33) $$\Lambda = \frac{1}{1+\lambda} = \frac{\text{nicht erklärte Streuung}}{\text{Gesamtstreuung}}$$

Wie Gleichung (2.33) zeigt, nimmt Λ Werte zwischen Null und Eins an, wobei ein Wert nahe Null, d. h. geringe nicht erklärte Streuung, eine höhere Güte der Gruppentrennung angibt als ein Wert nahe Eins. [1)]

Bezüglich dieses WILKS' Lambda wird im SPSS-X-Algorithmus eine Signifikanzprüfung der Diskriminanzfunktion durchgeführt mit der annähernd χ^2-verteilten Prüfgröße V mit $n \cdot (m-1)$ Freiheitsgraden.

(2.34) $$V = -\left(h - \frac{n+m}{2} - 1\right) \cdot \log \Lambda$$

---

1) Vgl. dazu auch Anhang 4

mit:

h := Anzahl der Untersuchungsobjekte

n := Anzahl der unabhängigen Variablen

m := Anzahl der Gruppen

b) Die relative Bedeutung der unabhängigen Kennzahlen

Im Falle zweier Gruppen ist eine Vergleichbarkeit und damit die Ermittlung der Diskriminanzstärke einzelner Variablen über eine Skalierung mit der Standardabweichung zu erreichen. Dies ist nötig wegen der inversen Dimension der Diskriminanzkoeffizienten im Verhältnis zur Kennzahlendimension. [1)]

(2.35) $$a_i^{St} = a_i \cdot \sqrt{S_{ii}}$$

mit:

a_i^{st} := Standardisierter Diskriminanzkoeffizient der Kennzahl i

a_i := Unstandardisierter Diskriminanzkoeffizient der Kennzahl i

S_{ii} := Varianz der Kennzahl i

---

1) Da die Funktionswerte y der Diskriminanzfunktion $\underline{a} \cdot \underline{x}$ dimensionslos sind, ergibt sich zwingend, daß die a_i die inverse Dimension der x_i haben.

Wie Gleichung (2.35) [1] zeigt, ist der standardisierte Koeffizient dimensionslos und erlaubt aufgrund der Bereinigung einen Vergleich des Trennbeitrags einzelner Variablen in der Diskriminanzfunktion. [2]

Die Interpretation des Vorzeichens einzelner Diskriminanzkoeffizienten kann allerdings nur im Zusammenhang mit der Diskriminanzfunktion erfolgen. [3] Einzelinterpretationen sind, wie man vor dem Hintergrund der Herleitung als Eigenvektor eines Eigenwertproblems leicht sieht, unzulässig [4] und können zu falschen Folgerungen führen. Zur eindeutigen Bestimmung der Richtung einzelner Kennzahlen ist eine univariate Analyse (auch dichotomischer Klassifikationstest) durchzuführen.

---

1) Diese Vorgehensweise wählt der SPSS-X-Algorithmus (vgl. SPSS Inc.: SPSS-X Statistical Algorithms, Chicago 1983, S. 87). Eine andere Art der Standardisierung, deren Sinn nicht deutlich gemacht wird, ist die zusätzliche Division durch $\sqrt{H - m}$. An der relativen Bedeutung der Koeffizienten ändert sich dadurch nichts (vgl. z. B. KLECKA, W. R., Discriminant Analysis, Beverly Hills-London 1980, S. 29).

2) Vgl. BACKHAUS, K., ERICHSON, B., PLINKE, W., SCHUCHARD-FICHER, C., WEIBER, R., Multivariate Analysemethoden, 4. Aufl, Berlin et al. 1987, S. 187 f; KLECKA, W. R., Discriminant Analysis ..., S. 29 f; MORRISON, D. F., Multivariate Statistical Methods ..., S. 232; TATSUOKA, M. M., Multivariate Analysis ..., S. 163 f; WIESBÖCK, K., Lineare Diskriminanzanalyse ..., S. 30 f

3) Vgl. z. B. WIESBÖCK, K., Lineare Diskriminanzanalyse ..., S. 122

4) Vgl. die Herleitung der FDR in dieser Arbeit.

III. Einführung in die technische Aktienanalyse

Für die Überprüfung der Informationseffizienz des Kapitalmarktes muß zunächst festgelegt werden, welche empirischen Sachverhalte dazu führen, daß die Hypothese der Effizienz abgelehnt oder nicht abgelehnt wird.

Die einfachste Form eines Tests besteht wohl darin, verfügbare Informationen zu suchen [1], die im Zusammenhang betrachtet, zu systematischen Mustern führen und es ermöglichen, eine Strategie zu entwickeln, die die Fragen beantwortet: Welches Papier wann gekauft bzw. verkauft werden soll und dazu führt, daß der Anleger einen nicht zufälligen Gewinn aus diesem Geschäft erzielt.

Für die Mustererkennung wird, wie bereits oben dargestellt, die Diskriminanzanalyse eingesetzt. Als Basis für die Ermittlung der Merkmale - für eine Untersuchung am Aktienmarkt - bieten sich zwei "Schulen" an, die fundamentale und die technische. [2]

Geht man von der Bedeutung der Begriffe, wie EDWARDS/MAGEE sie sehen [3], aus, so zeigt sich die klare Trennung. Sie benutzen "Technik" in dem Sinne, daß sie die "Beobachtung der Aktion der Börse selbst" betreiben, im Gegensatz zur Untersuchung der Objekte die an der Börse gehandelt werden ("fundamentalistisch"). [4] D. h., es wird "üblicherweise in graphischer Form" der "zeitliche Ablauf des Handels (...) in einer bestimmten Aktie oder in Indices" aufgezeichnet. "Aus diesem bild-

---

1) Vgl. Abschnitt B. I. 3 , Die Basismodelle der Informationseffizienztests

2) Vgl. EDWARDS, R. D., MAGEE, J., Technische Analyse von Aktientrends, 5. Aufl., Darmstadt 1975, S. 5

3) Ebenda

4) Vgl. EDWARDS, R. D., MAGEE, J., Technische Analyse ..., S. 7

lich dargestellten historischen Verlauf leitet die technische Analyse dann den wahrscheinlichen zukünftigen Trend ab." [1] Zwar bestreiten EDWARDS/MAGEE nicht, daß fundamentalistische Daten in der Angebot- und Nachfragegleichung eine Rolle spielen, aber sie behaupten, daß sämtliche Faktoren, seien sie nun rationaler oder irrationaler Art, eben in einer einzigen Zahl, nämlich dem jeweiligen Kurs, ihren Ausdruck finden. Die Autoren gehen sogar so weit zu behaupten - empfehlen es allerdings nicht - daß ein technischer Analyst "in der Lage ist, den Chart einer Aktie zu interpretieren, deren Namen er nicht einmal kennt. (...) Der Charttechniker kann gewinnbringend in einer Aktie spekulieren, wenn er nur ihr Tickersymbol hat, ohne daß er die Gesellschaft, den Industriezweig, die Produkte oder Kapitalisierung der Gesellschaft kennt." [2]

An dieser Stelle muß erwähnt werden, daß es sich bei allen hier dargestellten technischen Verfahren um theoretisch nicht fundierte Vorgehensweisen handelt. Es werden vielmehr ausschließlich nur Kennzahlen und Verhaltensregeln aufgeführt, deren Aufstellung von ihren Verfassern rein willkürlich - zum Teil begründet mit "Marktbeobachtungen" - vorgenommen worden ist, und deren Interpretation, sofern es sich nicht um neue Indikatoren handelt, nur auf Basis einer ex post-Betrachtung und damit 'self-fulfilling prophecy' beruht.

---

1) EDWARDS, R. D., MAGEE, J., Technische Analyse ..., S. 7

2) Ebenda, S. 8 (Hervorhebung im Original)

1. Die Analyse des Gesamtmarktes

a) Die Dow-Theorie

Die Dow-Theorie wurde als Grundlage der technischen Analyse begründet von Charles H. DOW. Er versuchte dem Befund, daß die meisten Aktienkurse die Tendenz haben, sich gemeinsam (mit geringen time-lags) in einer Richtung zu bewegen, Rechnung zu tragen, indem er 1897 zwei-"Dow-JONES Averages" (Industrial Average und Rail Average) bildete und mit ihnen Aussagen über Markttrends formulierte, die in ihrer Weiterentwicklung durch W. P. HAMILTON zu einem System führten, das heute Dow-Theorie genannt wird.

Die wohl grundlegendsten Aussagen sind, daß erstens die Indices alle Einflüsse berücksichtigen und zweitens es drei zu unterscheidende Trends an der Börse gibt; den Primary (oder langfristigen) Trend - der eigentliche Untersuchungsgegenstand der Dow-Theorie -, den Secondary (oder mittelfristigen) Trend und den Minor (oder kleineren, Tages-) Trend.

Nach Interpretation der Dow-Theorie handelt es sich beim Primary Trend um breite Auf- bzw. Abwärtsbewegungen, die gewöhnlich mehr als ein Jahr dauern. Ihre Richtung (Bear- oder Bull-Market) ergibt sich aus den Secondary Trends. Endet ein fallender Secondary Trend auf einem höheren Niveau als der vorhergehende und endet ein folgender steigender auf einem höheren Niveau als die Spitze des vorhergehenden Kursanstieges, so spricht man von einem Bull Market (umgekehrt: Bear Market). D. h., die Secondary Trends sind jene stärkeren Richtungsänderungen, die den Primary Trend unterbrechen und in der Regel drei Wochen bis drei Monate anhalten, wobei nach der sogenannten "ein-Drittel-zwei-

Drittel-Regel" zwischen 30 und 65 Prozent der Kursbewegung der Primary-Trends (gemessen an einem Index) rückgängig gemacht werden!

Der Minor Trend ist die kürzeste Veränderung, die betrachtet werden kann. Hierbei sind Entwicklungen von bis zu drei Wochen gemeint. Eine gewinnbringende Strategie aus solch kurzfristigen Preisvariationen abzuleiten, erscheint - auch vor dem Hintergrund der Transaktionskosten - wenig sinnvoll.

Die Beschäftigung mit dem Primary Trend zeigt, daß sich sowohl Bear als auch Bull Market in drei Phasen einteilen lassen.

Der Beginn ist das jeweilige Ende des vorhergehenden Trends; er läßt sich charakterisieren als eine Konsolidierung des Marktes. Der Beginn eines Bull Market zeichnet sich durch Lustlosigkeit des breiten Publikums aus, welches seine Aktien zu relativ geringen Preisen am Ende eines Abschwungs abgibt. Durch sinkendes Angebot kommt es dann im Verlauf zu geringfügig steigenden Preisen, deren Anstieg sich aber verstetigt und zu einem anhaltenden Kursanstieg führt, der zweiten Phase. Deren Ende beginnt, wenn die "low-priced-stocks" sehr starke Preissteigerungen erfahren, während Standardwerte bereits zu stagnieren beginnen, dies ist der dritte Teil des Bull Market, der in einer Überführung in den Bear Market endet, dessen drei Phasen analog zu beschreiben sind.

Die Erkennung der Trendwende erfordert nach DOW eine Bestätigung durch <u>beide</u> von ihm formulierte Indices. D. h., zeigt der "Industrial Average" eine Trendwende an, der "Rail Average" nicht, so wird dies von DOW nicht als Signal anerkannt. (Eine Begründung für dieses Handeln könnte die Tatsache sein, daß die Entwicklung des Gesamtmarktes von den Industrieaktiengesellschaften alleine nicht ausreichend beschrieben wird.)

Eine weitere These lautet: "Der Umsatz geht mit dem Trend".[1)]

DOW verwendet den Umsatz allerdings nur als Hilfsgröße in seiner globalen Zustandsinterpretation des Marktes, d. h. sind die Kurssignale eindeutig, kann auf eine Betrachtung des Umsatzes verzichtet werden.

Als wichtiges Signal bezeichnet DOW den Ausbruch der Kurse aus einer Linie des Secondary Trend. Unter Linie wird hier ein über eine längere Zeitspanne (mindestens drei Wochen (→ Secondary Trend)) relativ konstanter Indexverlauf verstanden. Es soll gelten, je ausgeprägter die Linie, desto sicherer das Signal.

Ein weiterer Punkt, der von DOW ebenfalls besonders herausgestellt wird, ist die ausschließliche Beachtung der Schlußkurse. Dies ist für die vorliegende Untersuchung nicht möglich. Die Vorteilhaftigkeit gegenüber den Einheitskursen ist vor dem Hintergrund des heute doch weltweiten Handels kaum begründbar.[2)]

Als letztes postuliert DOW ein Vorsichtsprinzip. "Ein Trend gilt so lange, bis seine Umkehrung definitiv signalisiert ist."[3)]

Vor diesem Hintergrund ist sicherlich auch die Bestätigungsthese zu sehen. Interessant scheint dabei auch der Hinweis, daß mit der zunehmenden Dauer eines Primary Trends die Wahrscheinlichkeit für den weiteren Fortgang sinkt!

---

1) EDWARDS, R. D., MAGEE, J., Technische Analyse ..., S. 20

2) Vgl. ZASS, M., Wertpapierhandel: 24 Stunden rund um den Globus oder zwei Stunden an der Börse, in: Der langfristige Kredit, 39(1988), S. 36 ff

3) EDWARDS, R. D., MAGEE, J., Technische Analyse ..., S. 22

Es bleibt anzumerken, daß die DOW-Theorie nur eine Entscheidungshilfe für das Wann sein kann, welche Aktien gekauft werden sollen, will und kann sie nicht festlegen. Ein von EDWARDS/MAGEE durchgeführter einfacher Test [1] (vgl. Tabelle 3.1), in dem der DJIA hypothetisch gekauft bzw. verkauft wird, zeigt (über 60 Jahre) aber

Tabelle 3.1

60 Jahre Investment nach der Dow-Theorie

Anfangskapital 100,– $	Datum		Stand des DJI	% Gewinn (Verlust)	Ergebnis
Investiert	12. Juli	1897	44,61		
Verkauft	16. Dez.	1899	63,84	43,1	$ 143,10
Reinvestiert	20. Okt.	1900	59,44		
Verkauft	1. Juni	1903	59,59	0,3	143,53
Reinvestiert	12. Juli	1904	51,37		
Verkauft	26 April	1906	92,44	80,0	258,35
Reinvestiert	24. April	1908	70.01		
Verkauft	3. Mai	1910	84,72	21,0	312.60
Reinvestiert	10. Okt.	1910	81,91		
Verkauft	14. Jan.	1913	84.96	3,7	324,17
Reinvestiert	9. April	1915	65,02		
Verkauft	28. Aug.	1917	86.12	32,5	429,53
Reinvestiert	13. Mai	1918	82,16		
Verkauft	3. Febr	1920	99,96	21,7	522,74
Reinvestiert	6. Febr.	1922	83,70		
Verkauft	20. Juni	1923	90,81	8,5	567,17
Reinvestiert	7. Dez.	1923	93,80		
Verkauft	23. Okt.	1929	305.85	226,1	1 849,54
Reinvestiert	24. Mai	1933	84,29		
Verkauft	7. Sept.	1937	164,39	95,0	3 606,61
Reinvestiert	23 Juni	1938	127,41		
Verkauft	31. März	1939	136,42	7,2	3 866,29
Reinvestiert	17 Juli	1939	142,58		
Verkauft	13. Mai	1940	137,50	(Verl. 3,6)	3 727,10
Reinvestiert	1. Febr	1943	125,88		
Verkauft	27. Aug.	1946	191,04	51,9	5 653,71
Reinvestiert	2 Okt	1950	228,94		
Verkauft	2. April	1953	280,03	22,3	6 911,01
Reinvestiert	19. Jan.	1954	288,27		
Verkauft	1. Okt.	1956	468,70	62,6	$ 11 236,65

Quelle: EDWARDS, R. D., MAGEE, J., Technische Analyse von Aktientrends, 5. Ausg., Darmstadt 1976, S. 44

1) Vgl. EDWARDS, R. D., MAGEE, J., Technische Analyse ..., S. 44

doch einen deutlichen Vorteil gegenüber der "Buy and Hold"-Strategie, wobei kritisch anzumerken ist, daß Transaktionskosten, Dividenden und Zinsen für Zwischenanlagen in festverzinsliche Papiere sowie Risikoaspekte außer acht gelassen werden.

b) Verschiedene Marktindikatoren

α) Die Advance-Decline-Line (ADL)

Die Advance-Decline-Line[1] ist der erste der Hauptindikatoren von GRANVILLEs "großem Spiel" und wird von ihm als sein wichtigstes technisches Instrument bezeichnet.[2]

Die ADL ist ein Indikator, der die quantitative Bewegung des Marktes widerspiegeln soll.[3] Die Konstruktion ist überaus einfach.

Man bestimmt ab einem beliebig zu wählenden Tag die Differenz der Anzahl der gestiegenen Aktien zu der Anzahl der im Kurs gefallenen Aktien und kumuliert diese Differenzen börsentäglich.

---

1) In der englischsprachigen Literatur wird auch der Begriff "Breadth of Market" gebraucht (vgl. etwa COHEN, J. B., ZINBARG, E. D., ZEIKEL, A., Investment Analysis and Portfolio Management, 4. Aufl., Homewood 1982, S. 296 ff). Die deutsche Literatur verwendet auch die Übersetzung "Fortschritt-Rückschritt-Linie (FRL)" (vgl. etwa NEUFURTH, H. D., Erfolg mit Aktien, Bobenheim-Roxheim 1972, S. 27 f; SCHILLER, W., Technische Aktienanalyse, 2. Aufl., München 1971, S. 120). Etwas mißverständlich ist der Begriff "Advance-Decline-Index, der von REINEMER für den Quotienten aus der Anzahl der gestiegenen zu den gefallenen Aktienkursen gewählt wird (vgl. REINEMER, K., Aktienkursbewegungen - betrachtet nach der "technischen Analyse", in: DVFA (Hrsg.): Beiträge zur Aktienanalyse Nr. 5, Darmstadt 1969, S. 39), von z. B. WELCKER dagegen gerade als Begriff für die ADL (vgl. WELCKER, J., Technische Aktienanalyse, 3. Aufl., Zürich 1986, S. 51).

2) Vgl. GRANVILLE, J. E., GRANVILLE's New Strategy, Englewood Cliffs (N. J.) 1976, S. 22

3) Vgl. NEUFURTH, H. D., Erfolg mit Aktien ..., S. 28

Formal heißt dies:

(3.1) $$ADL_t = ADL_{t-1} + (x_t^g - x_t^f)[+ b_o]$$

mit:

ADL_t : Wert der Advance-Decline-Line am Tag t

$x_t^{g(f)}$: Anzahl der zwischen t-1 und t gestiegenen (gefallenen) Aktienkurse

b_o : Beliebige Konstante, die die ADL im Zeitpunkt 0 auf ein frei wählbares Niveau anhebt oder absenkt.

Die Konstante b_o dient zur Angleichung der Werte an den zu bestätigenden Index.[1] Sie bewirkt nur, daß die Charts des Indexes und der ADL im Bild nahe beieinanderliegen.

Die ADL wird benutzt als Hilfsgröße für die Interpretation eines Aktienindexes (bei GRANVILLE dem DJIA).[2] Sie soll eventuelle Signale für eine Trendwende aus dem Index bestätigen oder gar als Frühindikator dienen, wie Abbildung 3.1 zeigt.

---

1) Vgl. FRÜHLING, W., Kursprognosen für Aktien, Darmstadt et al. 1986, S. 203

2) Dies veranlaßt SCHMIDT zu der Folgerung, daß die Wahl eines repräsentativen Indexes die ADL ersetzen könnte (vgl. SCHMIDT, R. H., Aktienkursprognose, Wiesbaden 1976, S. 194). Da in der neueren amerikanischen Literatur die ADL auch in Verbindung z. B. mit dem Index der NYSE Verwendung findet, auch als Frühindikator, ist SCHMIDT nicht zu folgen (vgl. etwa COHEN, J. B., ZINBARG, E. D., ZEIKEL, A., Investment Analysis ..., S. 296; FISCHER, P. E., JORDAN, R. J., Security Analysis and Portfolio Management, 4. Aufl., Englewood Cliffs (N. J.) 1987, S. 515).

Die ADL als Frühindikator

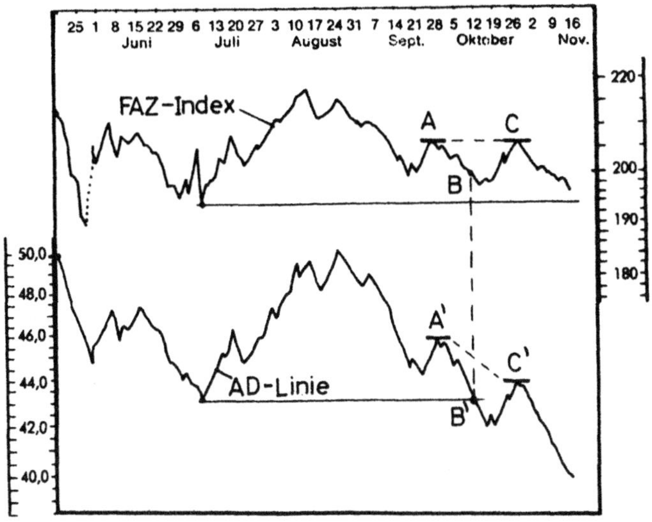

Abbildung 3.1

Quelle: SCHILLER, W., Technische Aktienanalyse ..., S. 41

Der Punkt C' der ADL wird als eindeutiges Marktschwächesignal gewertet. [1] Obwohl der FAZ-Index einen Top C auf gleicher Höhe wie A gebildet hat, ist wegen des tieferliegenden Punktes C' im Verhältnis zu A' und der Durchbrechung des Juli-Tiefs der ADL in B' die Situation für den Techniker eindeutig.

Anzumerken bleibt, daß zwar C' am 28. Oktober das Signal darstellt, der Empfang des Signals aber erst etwa am 2. November erfolgt je nach Top-Definition [2], d. h. auch diese Regel kann nicht "das" Optimum erreichen - Verkauf bereits 28. Oktober -, sondern nur eine Annäherung. [3]

---

1) Vgl. SCHILLER, W., Technische Aktienanalyse ..., S. 40

2) Vgl. Abschnitt 2.a.ß.i dieser Arbeit

3) In der Literatur werden solche Indikatoren als "weich" bezeichnet. Vgl. FRÜHLING, W., Kursprognosen für Aktien ..., S. 206

(Ein Achsenabschnitt beträgt 25 Börsentage)

Abbildung 3.2

β) Der Short Range Oscillator (SRO)

Eine ähnliche Hilfsgröße wie die ADL ist der Short Range Oscillator. Ebenso wie die ADL berücksichtigt er die Anzahl der gestiegenen und gefallenen Aktien, daneben aber zusätzlich auch die unverändert notierenden Gesellschaften. Hinzu kommt im SRO noch die prozentuale Abweichung eines Indexes von seinem 25 Tage gleitenden Durchschnitt. [1]

---

1) Vgl. LERBINGER, P., Aktienkursprognose durch Linienchart-Formationen und Trendlinien, München 1984, S. 21; SCHILLER, W., Technische Aktienanalyse ..., S. 45 f

Die Berechnung des SRO folgt Gleichung (3.2) [1)]

$$(3.2) \qquad SRO_t = \frac{1}{2} \left(\frac{1}{5} \sum_{\tau=t-4}^{t} c_\tau + b_t \right)$$

wobei

$$b_t = \frac{1}{10} \cdot \sum_{\tau=t-9}^{t} a_\tau - 50$$

und

$$a_\tau = \frac{0{,}5\, x_\tau^u + x_\tau^g}{x_\tau^h} \cdot 100 \quad ,$$

und

$$c_\tau = \left[1 - \frac{\sum_{z=\tau-24}^{\tau} I_z}{25 \cdot I_\tau} \right] \cdot 100$$

mit:

x_τ^u : Anzahl der zwischen $\tau - 1$ und τ unverändert schließenden Aktien

x_τ^g : Anzahl der zwischen $\tau - 1$ und τ gestiegenen Aktien

x_τ^h : Anzahl der verschiedenen am Tag τ gehandelten Aktien (Nicht das Volumen!)

I_τ : Indexwert am Tag τ

---

1) Die Darstellung bei SCHILLER ist fehlerhaft, wie leicht ersichtlich wird, wenn die Wertebereiche von c_t und b_t betrachtet werden. Ebenso ist die Indizierung für die gleitenden Durchschnitte falsch.

Die Interpretation des SRO erfolgt mit der Zielsetzung einer technischen Beurteilung des Gesamtmarktes. Während Werte zwischen - 4 und + 4 für bedeutungslos erachtet werden, sind Werte von über + 8 bzw. unter - 8 eindeutige Trendwende-Signale für den Techniker. Die Werte zwischen + 4 und + 8 bzw. - 8 und - 4 lassen in der Terminologie von SCHILLER eine "technische Erholung" bzw. "Abschwächung" [1] erwarten.

Wie Abbildung 3.3 zeigt, werden sogenannte kritische Werte auch vom Stichproben-SRO zwischen 1984 und 1986 wiederholt erreicht.

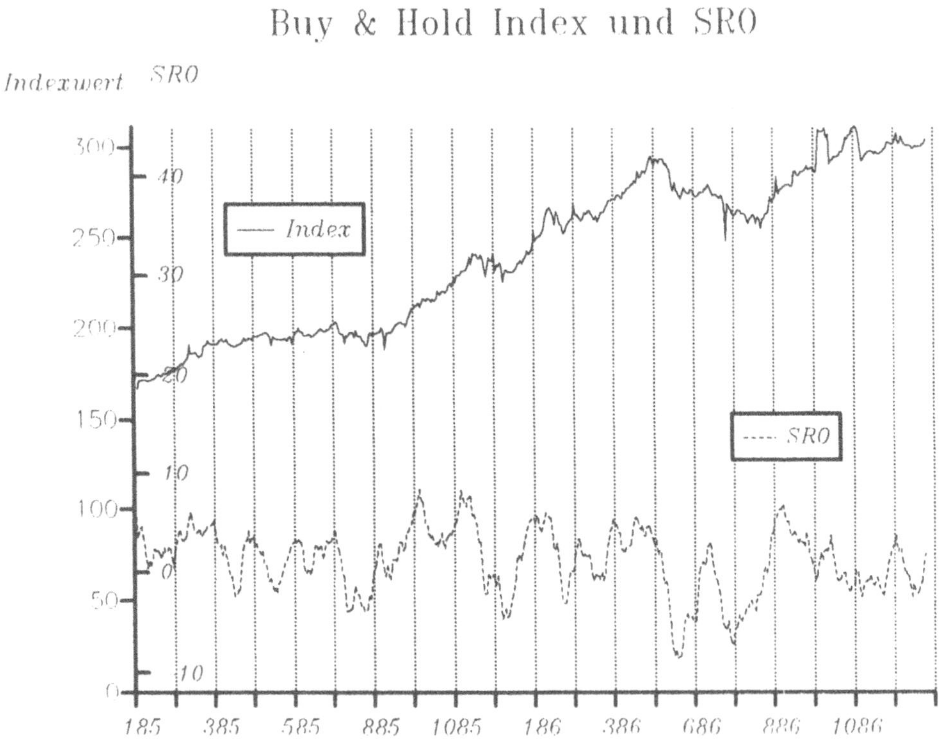

(Ein Achsenabschnitt beträgt 25 Börsentage)

Abbildung 3.3

1) Vgl. SCHILLER, W., Technische Aktienanalyse ..., S. 121

I. Die Daten

1. Die Auswahl der Unternehmen

Die Auswahl der Unternehmen wird bestimmt durch die Ziele der Untersuchung. Die in der Literatur aufgezeigten unterschiedlichen Möglichkeiten, Überschußrenditen zu erklären, bedingt eine nicht zufällige Schichtung der für den empirischen Test erhobenen Stichprobe.

Die Grundlage für die Unternehmensliste bildet eine Untersuchung von BRUSE,[1] die es ermöglichen soll, nach fundamentalen Risikoeinteilungen unterschiedliche Gesellschaften zu ermitteln. BRUSE versucht das Unternehmensrisiko anhand der Kennzahl "ordentlicher Cash Flow"[2] zu bestimmen. Er begründet dies aus einer Diskussion[3] über den Insolvenztatbestand, wobei er besonderen Wert auf die künftige Ertragskraft einer Unternehmung legt. Zur Bereinigung von Größeneffekten bildet er den Quotienten aus ordentlichem Cash Flow und Umsatz.

Aus diesem globalen Unternehmensrisikobegriff isoliert er dann nach SÜCHTING vier Teilrisiken: Finanzwirtschaftliches Risiko und Geschäftsrisiko, welches sich aus Markt- bzw. Produktionsrisiko zusammensetzt. Diese Aufteilung erfolgt ebenfalls anhand finanzanalytischer Kennzahlen:[4]

---

1) BRUSE, H., Das Unternehmensrisiko: Eine theoretische und empirische Untersuchung, in: ZfB 54(1984), S. 964-996

2) BRUSE approximiert den "ordentlichen Cash Flow" durch die Summe aus ordentlichem Betriebsergebnis, ordentlichem betriebsfremden Ergebnis und Abschreibungen. (Vgl. ebenda, S. 968) Auf eine Wertung dieser Vorgehensweise soll hier verzichtet werden, sie ist nicht Gegenstand dieser Arbeit.

3) Vgl. ebenda, S. 968

4) Vgl. ebenda, S. 976

Unternehmensrisiko: ordentlicher Cash Flow zu Umsatz

Geschäftsrisiko: ordentliches Betriebsergebnis zu Umsatz

Marktrisiko: Umsatzveränderung zu Umsatz

Produktionsrisiko: Deckungsbeitrag zu Umsatz

Finanzwirtschaftliches Risiko: ordentliches betriebsfremdes Ergebnis zu Umsatz

Zur Bestimmung des Risikos verwendet er folgende "Risikofunktion" [1]:

$$R(x) = - \mu / \sqrt{\frac{\sigma^2}{2} + \frac{MW^2}{8}}$$

mit:

$R(x)$	Risikofunktion
μ	Mittelwert der Bilanzkennzahl der zu untersuchenden Firma
σ^2	Varianz der Bilanzkennzahl der zu untersuchenden Firma
MW	Mittelwert der Bilanzkennzahl der gesamten Stichprobe

Mit Hilfe der oben angeführten Kennzahlen teilt er anhand der Risikofunktion insgesamt 119 Industrieaktiengesellschaften der sogenannten "Bonner Stichprobe" für einen Zeitraum von 1961 - 1980 in besonders risikoreich bzw. besonders risikoarm ein.

---

1) BRUSE, H., Das Unternehmensrisiko ..., S. 979, Gleichung (5), wobei der Parameter "x" undefiniert bleibt.

Bemerkenswert ist, daß immerhin 56 Unternehmen in mindestens einer Tabelle, die die jeweils 12 bzw. 13 Firmen mit den geringsten bzw. größten Risikoausprägungen darstellen, auftauchen. Nicht alle finden in die vorliegende Untersuchung Eingang, da neben diesen bilanzanalytischen Einflüssen noch andere systematische Gesichtspunkte untersucht werden sollen.

Dabei ist zunächst an eine branchenspezifische Untersuchung gedacht. Die Auswahl der Branchen beruht hier ebenfalls auf der von BRUSE vorgestellten Arbeit.

Die 119 Unternehmen seiner Stichprobe entstammen insgesamt sieben Branchen, die er ebenfalls nach dem oben dargestellten Risikokonzept für die Zeiträume 1961 - 1970 und 1971 - 1980 aufteilt. Aufgrund der Rangwerte für den Zeitraum 1971 - 1980 für das Unternehmensrisiko erfolgt die Auswahl zweier Branchen für diese Arbeit.

Um branchenspezifisches Verhalten feststellen zu können, bieten sich die Brauerei- und die Textilbranche als die beiden Pole der Bruseschen Untersuchung an. Andere Ziele, wie etwa die Analyse der Heterogenität der einzelnen Unternehmen innerhalb einer Branche und des Einflusses der Unternehmensgröße, disqualifizieren diese beiden Branchen allerdings. Während bei der Brauereibranche die Unternehmen vorwiegend in den Tabellen mit geringerem Risiko erscheinen, ist bei der Textilbranche das Gegenteil der Fall. Unter dem Gesichtspunkt einer geplanten Größeneinflußuntersuchung sind ebenfalls beide Branchen zu einseitig; so ist 1984 nur jeweils eine Gesellschaft nach dem Umsatzkriterium unter den größten 200 deutschen Unternehmen zu finden.[1] Die Wahl der

1) Vgl. o. V., Die 350 Größten, in: Capital, 23(10/1984) S. 215 ff

Chemie- (Risiko-Rangnummer 2; geringes Risiko) und der Maschinenbaubranche (Risiko-Rangnummer 6) erscheint vor diesem Hintergrund geboten. [1)]

Für die Branchenbezeichnung "Chemische Industrie, Chemiefasern und Kunststoffe" konnten 77 Aktiengesellschaften ermittelt werden. Diese Liste verkürzte sich um 37 Gesellschaften, die zu 100% in Familienbesitz oder 100%ige Tochterunternehmen einer oder mehrerer Obergesellschaften waren. Zwölf Unternehmen sind nicht börsennotiert und bei sieben Unternehmen ist wegen vielfacher Branchenzuordnung auf eine Einbeziehung verzichtet worden. [2)]

Für den Maschinenbau ist durch gleiches Vorgehen aus einer Auswahl von 63 Unternehmen eine Stichprobe von 29 börsennotierten Aktiengesellschaften bestimmt worden.

Des weiteren wurden sieben Gesellschaften mit in die Untersuchung einbezogen um eventuelle Größeneffekte zu ermitteln. Als Größenkriterium wurde dabei die Höhe des Umsatzes und des Grundkapitals verwendet. Diesen Kriterien folgend fiel die Wahl auf die fünf prozentual am stärksten und am schwächsten in den FAZ-Aktienindex eingehenden Aktiengesellschaften; dies auch deshalb, weil auf dieser Grundlage eine regelmäßige Börsennotierung auch für die kleineren Gesellschaften gewiß ist.

Die fünf Groß-Unternehmen belegen nach der Umsatzliste von 1984 die Plätze drei bis sieben und sind in der Bruseschen Untersuchung als weniger riskante Unternehmen eingestuft worden. Von den fünf Klein-Unternehmen gehört keines zu den 200 umsatzstärksten Unternehmen,

1) Zur Ermittlung der jeweiligen Branchenunternehmen vgl. Commerzbank AG (Hrsg.), Wer gehört zu wem?, 15. Aufl., Hamburg 1985

2) Zu der Liste der verwendeten Unternehmen vgl. Anhang 1

ihr Anteil am FAZ-Index betrug am 28. Juni 1985 aufsummiert gerade 1,4% (zum Vergleich: Bayer AG: 7,04%). Diese Unternehmen werden bis auf die Otavi-Minen AG von BRUSE ebenfalls als besonders risikoreich bzw. -arm eingestuft.

Von den nun insgesamt 57 Unternehmen sind eine Fülle von Daten erhoben worden; zum einen Bilanz- und GuV-Daten der Jahre 1976 - 1986 [1)] für die Indexberechnung und eventuelle fundamentale Untersuchungen und zum anderen die Aktienkurse der Frankfurter Börse bzw., falls dort nicht notiert, der jeweiligen Heimatbörse, täglich vom 4. Januar 1982 bis zum 30. Dezember 1987 sowie zusätzlich die Wochenschlußkurse vom 2. Januar 1976 bis zum 30. Dezember 1981. [2)]

Die Aktienkurse sind aufgrund der Vorschriften der Deutschen Vereinigung für Finanzanalyse und Anlageberatung (DVFA) rückwärts bereinigt worden [3)], d. h. aus dem Aktienkurs werden rückwärts alle Zahlungen und Rechte herausgerechnet, die den Aktionären während des Betrachtungszeitraums zugeteilt werden, wobei von Zinseffekten abgesehen wird. Bei der Dividendenbereinigung

---

1) Als Quelle diente: o. V., Handbuch der deutschen Aktiengesellschaften - Das Spezial-Archiv der deutschen Wirtschaft, Darmstadt-Haarlem-Wien-Zürich, Jahrgänge 1977 - 1987

2) Als Quelle diente: o. V., Hoppenstedt Kurstabellen - Kursanalysen, Darmstadt Januar 1976 bis Dezember 1987, außer Juli 1987. Für diesen Monat wurden die Kurstabellen des Handelsblatts verwendet.
An dieser Stelle möchte ich mich bei cand. rer. pol. Barbara Hebendanz und cand. rer. pol. Martin Brieler für die Eingabe der Aktienkurse des Jahres 1987 bedanken. Ohne Sie wäre der abschließende Test nicht möglich gewesen.

3) Vgl. dazu Abschnitt B.I.3.c.γ.ii) Variationen der klassischen Performance Maße

ergibt sich dabei das Problem der Steuergutschrift. In der vorliegenden Untersuchung wird diese Gutschrift bei der Bereinigung nicht berücksichtigt, da der Zeitpunkt der Einzahlung beim Aktionär nicht fixiert werden kann.

Für den Zeitraum von Januar 1977 bis Dezember 1986 wurden für die Berechnung des sicheren Zinssatzes die Rendite der umlaufenden Bundesanleihen mit einer Restlaufzeit von einem Jahr erhoben, wobei in die Berechnungen alle teil- und gesamtfälligen tarifbesteuerten Anleihen von Bund, Bahn und Post mit einer Restlaufzeit von mindestens einem Jahr, bereinigt um Kuponeffekte, einbezogen wurden.[1)]

2. Die in Kennzahlen transformierten verfügbaren Informationen

Die verfügbaren Informationen, die in der Finanzanalyse Verwendung finden, lassen sich analog zu den bereits kurz beschriebenen Schulen der Aktienanalyse[2)] in zwei Bereiche teilen: Die fundamentalen und technischen verfügbaren Informationen.

a) Die fundamentale verfügbare Information

Das Problem der Verarbeitung der verfügbaren fundamentalen Information besteht darin, daß die in den letzten Geschäftsberichten eines Unternehmens veröffentlichte

---

1) Vgl. Deutsche Bundesbank (Hrsg.), Statistische Beihefte zu den Monatsberichten der Deutschen Bundesbank, Reihe 2 Wertpapierstatistik: Renditenstruktur am Rentenmarkt, Frankfurt Jahrgänge 1977 - 1987

2) Vgl. Abschnitt B.III Einführung in die technische Aktienanalyse

Information zwar verfügbar ist, aber nicht der aktuellen verfügbaren Information entspricht.[1] Diese wird, wie auch bei den "technischen Informationen", täglich durch Firmenmeldungen bzw. Veröffentlichungen der Medien auch über volkswirtschaftliche Rahmenbedingungen, wie etwa Gesetzesvorlagen oder ähnliches, geschaffen. Die Verarbeitung solcher Größen ist in dieser Arbeit wegen der Beschaffungsproblematik unmöglich, d. h. es existieren Grenzkosten in einer Höhe, die dem Verfasser eine Verarbeitung unmöglich machen,[2] einer bereits eingerichteten Institution im täglichen Geschäft aber keine größeren Schwierigkeiten bereiten, und somit auch eine Einbeziehung in das hier vorgestellte Verfahren erlauben würden, wie etwa die Verwendung von aktuellen Kurs-Gewinn-Verhältnissen, Auftragsbestand, Inflationsrate oder ähnliches.

Aber auch die Berücksichtigung von fundamentalen Daten einer Unternehmung - von denen man längerfristige Gültigkeit erwarten kann -, die etwa das Umfeld beschreiben, bereitet erhebliche Schwierigkeiten. Dies sei exemplarisch am Beispiel der lückenlosen Klärung der Besitzverhältnisse der AG Kühnle, Kopp und Kausch aufgezeigt.[3] Es soll versucht werden, jedem Anteilsbesitz so weit wie möglich zu folgen.

---

1) Vgl. etwa SCHMIDT, R. H., Rechnungslegung als Informationsproduktion auf nahezu effizienten Kapitalmärkten, in: ZfbF 34(1982), S. 728-748

2) Vgl. hierzu Abschnitt II.2 Die Informationstypisierung

3) Zu den Besitzverhältnissen vgl. Commerzbank AG (Hrsg.), Wer gehört zu wem?, 15. Aufl., Hamburg 1985

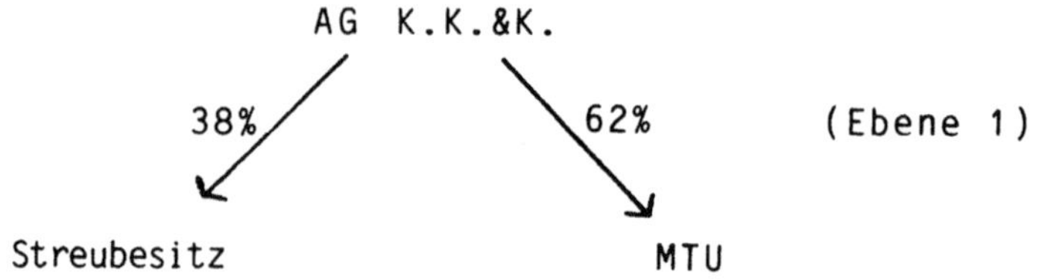

Die 38% des Aktienkapitals in Streubesitz stellen die erste Position dar, die festgehalten werden soll.

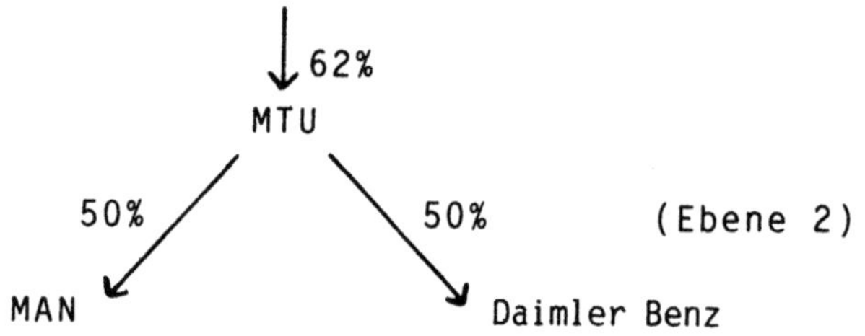

An dieser Stelle erfolgt nun eine Konsolidierung, indem die Prozentsätze der Beteiligungen miteinander multipliziert werden, d. h. MAN und Daimler Benz halten hypothetisch jeweils 31% der AG K.K.&K.

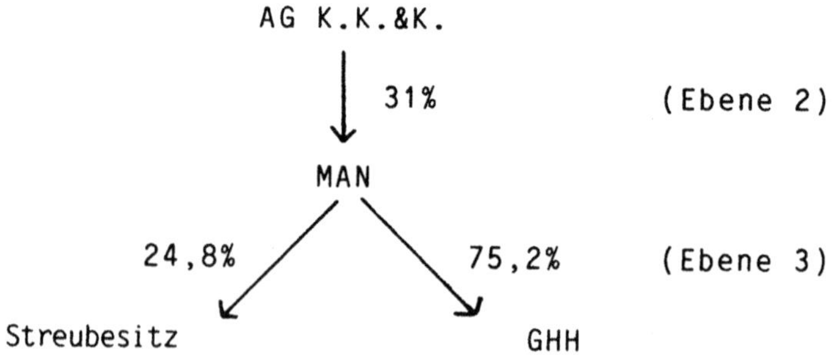

An dieser Stelle ergibt sich ein zweiter Endpunkt mit 7,7% im Streubesitz.

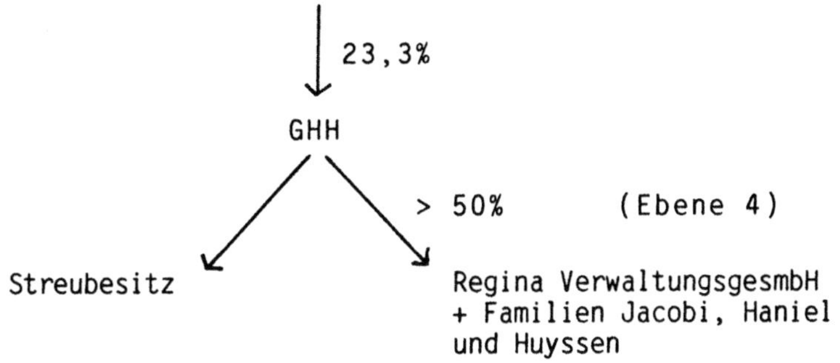

Unterstellt man der Regina VerwaltungsgesmbH 51%, so ergibt sich als Endposition für den Streubesitz 11,4%, so daß jetzt rechnerisch bereits 57,1% in Streubesitz gehalten werden.

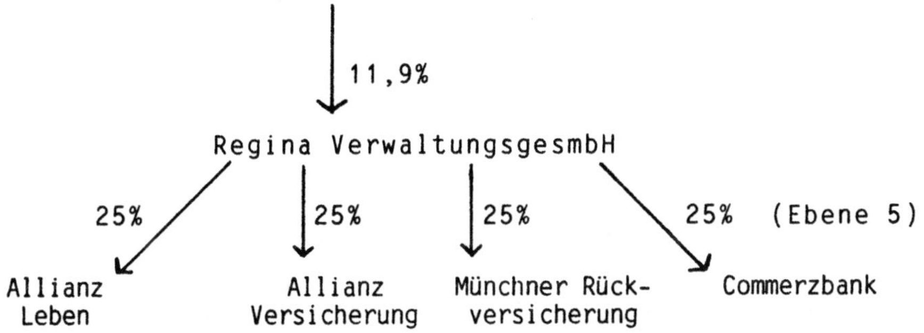

Diese Gesellschaften untergliedern sich weiter in:

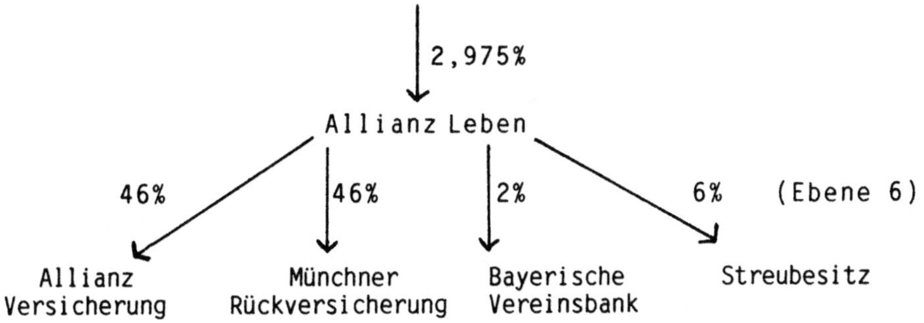

Für den Streubesitz ergeben sich weitere 0,2%. Die folgende Darstellung der Besitzverhältnisse der Allianz Versicherung wird auch auf Ebene 5 berührt.

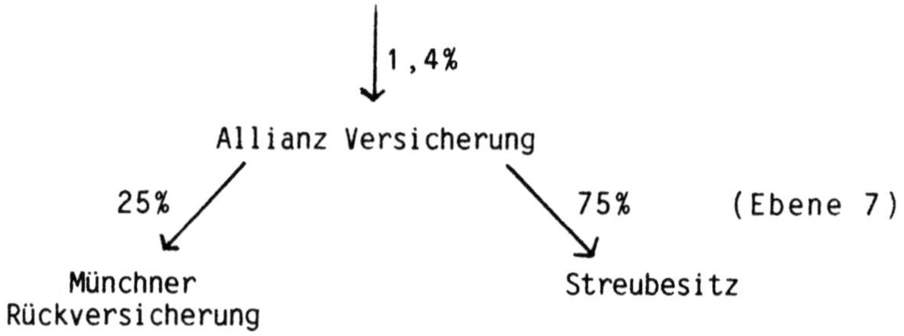

Damit ergibt sich für den Streubesitz ein weiteres Prozent. Das Auftreten der nun betrachteten Münchner Rückversicherung berührt Ebene 5 und 6 ebenso.

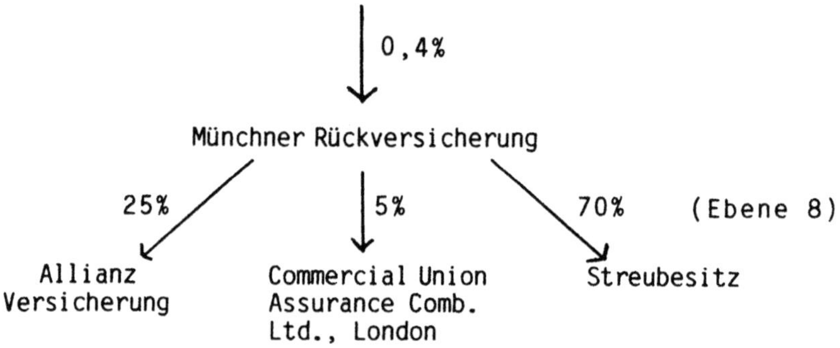

Als Endpunkte ergeben sich ein Anteil von 0,02% für die Londoner Versicherungsgesellschaft und 0,28% zusätzlich für den Streubesitz und für diesen Teil des Besitzbaumes 0,1% für die Allianz Versicherung. Wegen der gegenseitigen Verflechtungen, die die Ebenen 7 und 8 zeigen, soll aber auf eine Konsolidierung zwischen Münchner Rückversicherung und Allianz Versicherung verzichtet werden, denen für die Bezeichnung verbundene Unternehmen (nach §§ 15,19 AktG) nur jeweils eine Stimme fehlen. Bleiben noch als Rest von Ebene 5:

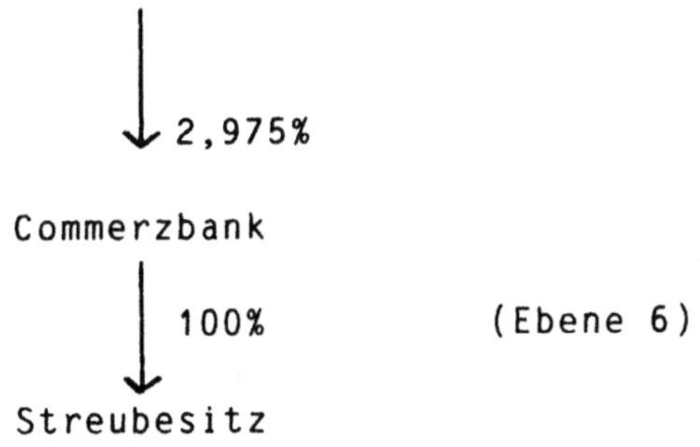

Nach Ebene 6 ergibt sich nun folgendes Bild:

Streubesitz	60,3%
Allianz Versicherung	4,3%
Münchner Rückversicherung	4,3%
Bayerische Vereinsbank	0,0%
	≈ 69 %

Nun erfolgt die Klärung der Besitzverhältnisse der Daimler Benz AG, die über MTU 31% an der AG K.K.&K. hält.

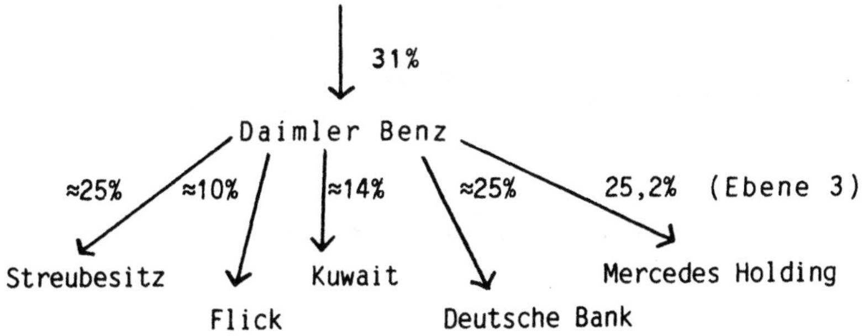

Als Endpunkte ergeben sich: Streubesitz (7,75%), Flick (3,1%) und Kuwait (4,3%). Wegen des 100% in Streubesitz befindlichen Kapitals der Deutschen Bank AG weitere 7,75% für den Streubesitz. Bleiben 7,8% der Mercedes Holding.

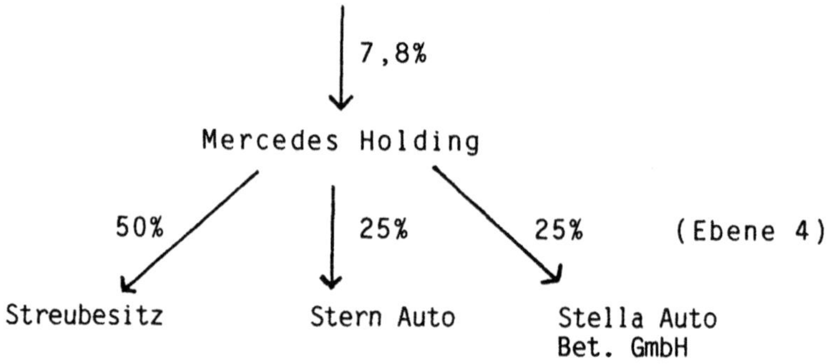

Es bleiben zunächst weitere 3,9% zu verteilen:

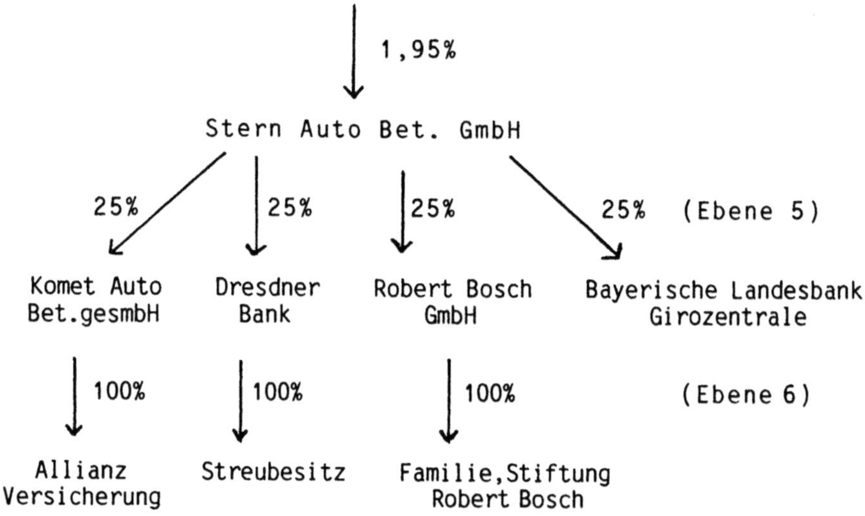

Die Endpunkte der Ebene 6 erhalten also jeweils etwa 0,5%.

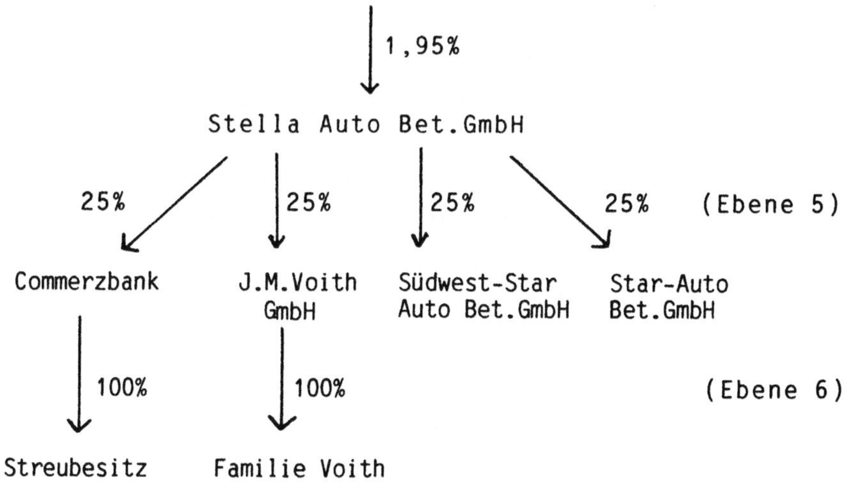

Da die Verzweigungen der Südwest-Star Auto-Beteiligungs-GmbH und der Star Auto-Beteiligungs GmbH noch unübersichtlicher gestaltet sind als die bereits bisher besprochenen, sei nur noch das Endergebnis der Analyse angegeben.

Streubesitz	80,7%
Allianz Versicherung	4,8%
Münchener Rückversicherung	4,3%
Kuwait	4,3%
Flick	3,1%
Robert Bosch	0,5%
Familie Voith	0,5%
Bayerische Landesbank	0,5%
Südwest-Star	0,5%
Star	0,5%

Dieses Ergebnis scheint deutlich zu machen, daß niemand der Eigentümer Einfluß nehmen kann, da über 80% des konsolidierten Kapitals im Streubesitz sind.

Betrachtet man jedoch die Verbindungen der Allianz Versicherung und der Münchner Rückversicherung auf die Daimler Benz AG über die Gesellschaften, an denen sie mit mindestens 25% beteiligt sind, so zeigen sich deutlich die vielfältigen Möglichkeiten der Einflußnahme. So ist die Allianz neben ihrer Beteiligung über die Komet Auto-Bet. GmbH an der Stern Auto Bet. GmbH noch über die Wüstenrot Bank und - wie ebenfalls die Münchener Rückversicherung - über die Karlsruher Leben → die Rhein Neckar Bankbeteiligungen und → die Baden Würtembergische Bank an der Star Auto-Beteiligungs GmbH beteiligt. Die Münchener Rückversicherung ist ferner noch über die Vereinigte Krankenversicherung mit der Star Auto-Beteiligungs GmbH verbunden.

Diese Analyse zeigt, daß selbst Unternehmen, die keine direkte Kapitalbeteiligung aufweisen - im Falle von Daimler Benz und Allianz Versicherung bzw. Münchner Rückversicherung entsteht die erste Beziehung auf der 6. Ebene, was schließlich zu konsolidierten Kapitalanteilen von etwa 2% führt -, durchaus nicht zu vernachlässigenden Einfluß ausüben können.

In einer fundamentalen Analyse eines Finanzanalysten müssen solche Verflechtungen selbstverständlich eine Rolle spielen. Wie aber wohl deutlich gemacht werden konnte, sind für die vorliegende Untersuchung solche Umfeldeinflüsse nicht verwendbar, da sie nicht in vom Computer verarbeitbare Information umgewandelt werden können.

b) Die technische verfügbare Information

Die technische verfügbare Information wird von den Verfahren der technischen Aktienanalyse zur Verfügung gestellt. Die Darstellung beschränkt sich deshalb auf eine kurze Beschreibung der Form, wie die Information in die Diskriminanzanalyse eingeht.

Es lassen sich zwei Gruppen unterscheiden:[1)]
(1) Die Kennzahlen, deren primäre Ausprägung direkt in die Funktion eingeht: Die Werte der Advance-Decline-Linie, der Over-Under-200 (-40), der durchschnittlichen Abweichung vom gleitenden 200-Tage (40-Wochen)-Durchschnitt, des Long Range Oscillator, der New-High-New-Low, des Short Range Oscillator, des Rangs der relativen Stärke nach Levy (der nur in der ersten Testserie verwendet wurde, da die Normalverteilungsannahme von dieser diskreten Variable kaum erfüllt werden kann[2)]), des Resistance-Support Charts, sowie den Steigungen der Linien-Chart Unterstützungs- und Widerstandslinien. In den Untersuchungen für die Wochenkurse und den abschließenden Test für 1987 wurde der Rang von Levy ersetzt durch die ihn bestimmenden Faktoren RSL und den Variationskoeffizienten.[3)]

(2) Die Kennzahlen, die die Lage des aktuellen Aktienkurses zu seinen technischen Merkmalen deutlich machen sollen. Dies wird gewährleistet durch eine Quotienten-

---

1) Eine Liste der Abkürzungen und der Programmform, mit deren Hilfe die Kennzahlen errechnet wurden, befindet sich in Anhang 2.

2) Alle anderen Variablen erfüllten die Normalverteilungsannahme. Die Tests erfolgten mit einem Kolmogorov-Smirnov-Test der von SPSS-X zur Verfügung gestellt wird. (Vgl. SCHUBÖ, W., UEHLINGER, H.-M., SPSS-X Handbuch der Programmversion 2, Stuttgart-New York 1984, S. 303, sowie zum Verfahren: KREYSZIG, E., Statistische Methoden und ihre Anwendungen, 7. Aufl., Göttingen 1982, S. 86 ff)

3) Vgl. Abschnitt B.III.2.c: Die relative Stärketheorie nach Levy

bildung, bei der der Aktienkurs immer im Nenner erscheint und das zu betrachtende technische Merkmal im Zähler, so daß Divisionen durch Null ausgeschlossen sind.

Als technische Merkmale werden dabei neben den Werten der gleitenden Durchschnitte, der Widerstands- und Unterstützungslinien der Bar-Charts, Point & Figure-Charts und der Linien-Charts [1], der Säulenmaxima und -minima der Bar-Charts und Point & Figure-Charts, jeweils der Quotient zum Branchen- und Gesamtstichproben-Buy & Hold-Index als Marktlageparameter mit eingeführt.

II. Die Ergebnisse der Untersuchung

Die Ergebnisse der Untersuchung werden dargestellt zum einen anhand der maximalen a priori-Wahrscheinlichkeit, die die beste zufällige Klassifikation angibt (Ordne alle Elemente der Gruppe zu, für die die a priori-Zuordnungswahrscheinlichkeit am größten ist.), und der Vertrauenswahrscheinlichkeit, die definiert wird als eins minus der geschätzten Wahrscheinlichkeit der Fehlklassifikation, und zum anderen anhand des Gütekriteriums WILKS' Lambda, welches einen Eindruck über die Lage der Dichten der beiden Gruppen vermittelt. [2]

---

1) Die Werte der Widerstands- und Unterstützungslinien der Linien-Charts werden in der Tageskursanalyse zunächst ausgeschlossen, da in einigen Fällen die Varianz-Kovarianz-Matrix in wenigstens einer der beiden zu untersuchenden Gruppen singulär wurde, so daß kein Box-M-Test (Bestandteil des SPSS-X Algorithmus) auf Gleichheit der Matrizen durchgeführt werden konnte, der sonst in allen Fällen signifikante Gleichheit bestätigte (vgl. zur Vorgehensweise des Tests: SPSS Inc. (Hrsg.): SPSS inc. reports-SPSS ..., S. 62-64

2) Vgl. dazu die Beispiele in Anhang 4.

Im Anschluß an die Beurteilung der Diskriminanzfunktionen im Ganzen wird dann die relative Bedeutung der einzelnen Variablen innerhalb der Funktionen untersucht.

1. Die Untersuchung der über 50 Börsentage erzielten Renditen[1)]

a) Die Güte der Diskriminanzfunktionen

Die Untersuchung der 50-Tage-Renditen beruht auf der Tageskursstichprobe vom 3.01.82-30.12.86 und wurde anhand aller acht Performance Maße durchgeführt, d. h. bezüglich jeder dieser Benchmarks ist für jedes Unternehmen die Zerlegung in zwei Gruppen vorgenommen worden,[2)] so daß bereits in diesem ersten Schritt 364 Diskriminanzanalysen berechnet wurden (sieben Unternehmen gehören keiner der beiden Branchen an!). Neben der Gesamtstichprobe wurden weitere Teilstichproben untersucht. Zum einen die beiden Branchen Chemie und Maschinenbau und zum anderen zwei Stichproben, die gebildet wurden aus den Gesellschaften, deren im Streubesitz befindliches Kapital 100 Millionen DM überstieg

---

1) Im Laufe der Untersuchung über 50 Börsentage mußten von den 57 Unternehmen drei wegen großer datentechnischer Probleme ausgeschlossen werden (vgl. Anhang 1).

2) Zerlegt wird nach dem Kriterium: Ist die Rendite bzw. das Treynorsche Maß, welches über einen Zeitraum von 50 Tagen erreicht wird, größer oder kleiner gleich einer ebenfalls über diesen Zeitraum laufenden Indexrendite. (Vgl. Abschnitt B.II Die Diskriminanzanalyse)

und aus Gesellschaften, deren Börsenkapital maximal 500 000 DM erreichte.

Die Stichproben der beiden Branchen werden im weiteren ebenfalls noch einmal unterteilt in die von BRUSE vorgegebenen Gruppen besonders risikoreich bzw. -arm bzw. zu keiner der beiden Gruppen gehörig. Dieser Aspekt erlaubt die Beurteilung, ob die aufgrund fundamentaler Daten gewählte Einteilung sich auf die Preisbildung am Markt (bzw. in anderen Mustern der Diskriminanzfunktionen) auswirkt.

Tabelle C 1: Schätzwerte der maximalen a priori-Wahrscheinlichkeit $\hat{p}(\omega_{max})$ und der Vertrauenswahrscheinlichkeit $(1-\hat{p}^F)$ [1] der Gesamtstichprobe bei 50-Tage-Renditen

Performance Maße	Ø $\hat{p}(\omega_{max})$	Standardabweichung von $\hat{p}(\omega_{max})$	Ø $(1-\hat{p}^F)$	Standardabweichung von $(1-\hat{p}^F)$
r_f	0,623	0,089	0,838	0,0449
r_{BH}	0,627	0,0929	0,835	0,038
r_{Gk}	0,628	0,0871	0,823	0,0454
r_{St}	0,624	0,0838	0,823	0,0442
r_{Br}	0,592	0,0661	0,824	0,0403
TM_{BH}	0,682	0,1273	0,901	0,0454
TM_{Br}	0,698	0,1291	0,905	0,0414

1) Vgl. Gleichung 2.17

Für die Gesamtstichprobe ergibt sich im Mittel, wie Tabelle C 1 zeigt, für alle unbereinigten Renditeindices mit Ausnahme des Branchenindexes eine a priori-Wahrscheinlichkeit von über 62%, bei den bereinigten Renditen sogar von fast 70%, d. h. hierbei handelt es sich um die Mindestanforderungen, die die Werte der Diskriminanzfunktionen übertreffen sollten. Andererseits zeigt Tabelle C 1 auch eine erheblich höhere Streuung der a priori-Wahrscheinlichkeiten der TREYNOR Maße, was die Mustererkennung bezüglich dieser Maße erschweren sollte.

Die Betrachtung der Vertrauenswahrscheinlichkeiten zeigt allerdings, daß auch hier die Gruppentrennung bezüglich der risikobereinigten Größen um etwa 8% über den Wahrscheinlichkeiten der nicht risikobereinigten liegt, wobei auch nahezu gleiche Streuungen über alle Performance Maße erreicht werden. Dieses Ergebnis muß überraschen, zumal auch der Abstand zwischen der Vertrauenswahrscheinlichkeit und der maximalen a priori-Zuordnung um etwa 2% gestiegen ist.

Vergleicht man hiermit die Ergebnisse der beiden Branchenstichproben[1)], so bestätigen sich - wie zu erwarten war - die Werte, wobei sich für die Maschinenbaubranche etwas schlechtere Werte ergeben.

Eine Analyse der nach fundamentalen Gesichtspunkten gespaltenen Stichprobe zeigt, daß bei der chemischen Industrie die risikoärmeren Unternehmen zum Teil deutlich höhere a priori-Wahrscheinlichkeiten aufweisen. Hierbei handelt es sich um ein Phänomen, welches sich bezüglich der Vertrauenswahrscheinlichkeiten der nicht adjustierten Indices umkehrt. Dies könnte auf eine effizientere Preisgestaltung für diese Firmen hindeuten. Wegen der überaus hohen Vertrauenswahrscheinlichkeiten bei den Treynorschen Maßen kann dies aber nicht bestätigt werden.

1) Vgl. Anhang 3, Tabelle 1a,b

Für den Maschinenbau ist bei sonst gleicher Interpretation wie bei der Gesamtstichprobe nur auffällig, daß die beiden fundamental getrennten Teilstichproben die minimalen Fehlklassifikationswahrscheinlichkeiten bezüglich zwei verschiedener Benchmarks erreichen. So wird von den risikoreicheren Unternehmen ein Wert von nur 8,4% für TM_{BH} erreicht, während die risikoärmeren ihr Minimum von 9,8% für TM_{Br} erreichen.

Es stellt sich nun die Frage, ob diese Ergebnisse von WILKS' Lambda bestätigt werden können.

Tabelle C 2: WILKS' Lambda Λ der Gesamt- und Teilstichproben bei 50-Tage-Renditen

Performance Maße	Gesamtstichprobe Ø Λ	Gesamtstichprobe σ(Λ)	Chemiebranche Ø Λ	Maschinenbaubranche Ø Λ	Restunternehmen Ø Λ
r_f	0,539	0,0844	0,518	0,558	0,53
r_{BH}	0,554	0,0836	0,508	0,589	0,566
r_{Gk}	0,578	0,098	0,57	0,593	0,544
r_{St}	0,573	0,0964	0,561	0,588	0,553
r_{Br}	0,553	0,09	0,524	0,576	/
TM_{BH}	0,43	0,1455	0,408	0,465	0,369
TM_{Br}	0,438	0,1467	0,389	0,477	/

Wie Tabelle C 2 zeigt, werden, wie bereits durch die Vertrauenswahrscheinlichkeit angedeutet, für die Trennungen anhand der TREYNOR Maße die besten Ergebnisse erzielt. Während sie jedoch in der Gesamtstichprobe ähnliche Werte erreichen, ist eine Unterscheidung in den Branchen durchaus möglich, wobei die Chemie ihr Minimum von 0,389 für TM_{Br} erreicht und der Maschinenbau mit 0,465 für TM_{BH}. Diese Unterschiedlichkeit der Stichproben wird bestätigt durch einerseits generell kleinere WILKS' Lambda Werte der Chemiebranche für alle Maße und andererseits der auch bei den unbereinigten Risikomaßen unterschiedlichen Minima. So ist die Chemiestichprobe die einzige, für die für r_{BH} - der Buy & Hold-Index - das Minimum erreicht wird, alle anderen werden bezüglich des sicheren Zinssatzes besser getrennt.

Eine eingehende Betrachtung der Branchenstichproben verdeutlicht die Differenzierung und macht eine überraschende Parallele offenbar.[1)]

Wird in der Maschinenbaubranche das Minimum in TM_{BH} bestimmt durch die große Differenz bei den Treynorschen Maßen der risikoreicheren Unternehmen, so gilt dies für die Chemie ähnlich, nur, daß in dieser Stichprobe die risikoreichen und risikoneutralen Unternehmen TM_{Br} als Minimum determinieren. Ähnliche Aussagen gelten für die nicht risikobereinigten Indices.

Überraschen muß in diesem Zusammenhang die Einmütigkeit der Diskriminanzfunktionen der acht risikoarmen Chemieunternehmen und der sechs risikoreicheren Maschinenbauunternehmen. Beide erreichen die TREYNOR Minima als einzige ihrer Stichproben bei TM_{BH} und beide lassen

1) Vgl. Anhang 3, Tabelle 2a,b

sich nicht risikobereinigt bezüglich der Marktindices am besten trennen. Ein Versuch, dies mit Hilfe fundamentaler Ähnlichkeiten zu klären, ist, so zeigt bereits ein Blick auf die Börsenkapitalisierung, nur äußerst schwierig zu bewerkstelligen. So erreichen die risikoreicheren Maschinenbauer einen Mittelwert von 4,7 Millionen DM Börsenkapital, während die risikoarmen Chemiewerte immerhin durchschnittlich 943,3 Millionen erreichen.[1)]

Ein Vergleich zweier nach Börsenkapital differenzierter Stichproben kann hier vielleicht hilfreich sein. Die Betrachtung dieser Teilgesamtheiten[2)] zeigt bei den Vertrauenswahrscheinlichkeiten ähnliche Ausprägungen, kann dies für die WILKS' Lambda aber nicht bestätigen.

So wird für beide Stichproben das Maximum von $(1-\hat{p}^F)$ vom TREYNOR Maß erreicht. Betrachtet man die unbereinigten Renditegrößen, so zeigt sich, daß bei den Groß-Unternehmen die Indexrendite ein eindeutiges Maximum erreicht, während für die Klein-Unternehmen - wie bei den risikoreichen Maschinenbauunternehmen - kaum Unterschiede zwischen r_f und der Indexrendite festgestellt werden können.

Die Werte der WILKS' Lambda entwickeln allerdings nur für die risikoarmen Chemieunternehmen das gleiche Bild wie für die Groß-Unternehmen. Die Klein-Unternehmen verhalten sich genau entgegengesetzt, so daß von einer Übereinstimmung dieser fundamental gegensätzlichen Unternehmenstypen nicht gesprochen werden kann. Somit kann auch auf dieser Grundlage keine Begründung für das Gleichverhalten der beiden Branchenteilstichproben gegeben werden.

---

1) Der Mittelwert der Gesamtstichprobe beträgt 206,3 Millionen DM

2) Vgl. Anhang 3, Tabelle 3,4

b) Die Kennzahlen der Diskriminanzfunktionen

Das bis jetzt erzielte Ergebnis, eine im Durchschnitt über 90% richtige Reklassifizierung bezüglich des Trennkriteriums der risikoadjustierten Renditen und der im Schnitt über 80% richtigen der anderen Benchmarks, bei gleichzeitiger Bestätigung durch die WILKS' Lambda aber kaum feststellbare begründbare Differenziertheiten der Teilstichproben, soll nun anhand der in die Funktionen eingehenden Variablen überprüft werden. Sind auch hier typische Muster nicht festzustellen, so kann dies als Beweis dafür angesehen werden, daß die Marktteilnehmer die Unternehmen nicht nach aus vergangenen Bilanzdaten gebildeten Gruppen oder Branchen bewerten, sondern von diesen alten Informationen unabhängige Einzelbewertungen vornehmen.

Tabelle C 3 zeigt die relativen Häufigkeiten des Auftretens der Kennzahlen in den 54 Diskriminanzfunktionen der Gesamtstichprobe sowie der 21 der Chemie- und der 26 der Maschinenbaubranche für das Performance Maß r_f.

Der SPSS-X Algorithmus steuert die Aufnahme der Variablen nach der Größe von WILKS' Lambda. Nachdem zuerst die Variablen mit dem größten Minimierungsbeitrag aufgenommen werden, erfolgt die Beendigung der Prozedur bei einer nicht mehr signifikanten Verringerung von WILKS' Lambda durch irgendeine Variable. Für die Gesamtstichprobe und die großen Teilstichproben wird für keine Variable 100% bei der Aufnahmehäufigkeit erreicht.

In der jeweils linken Spalte der Teilstichproben wird in Klammern der Prozentsatz des positiven Auftretens angegeben. Dies soll noch einmal deutlich machen, daß die häufig durchgeführten Vorzeicheninterpretationen für eine einzelne Kennzahl innerhalb einer Diskriminanzfunktion mit einer Wahrscheinlichkeit von 50% falsch sind. Auf die dafür notwendigen univariaten Diskriminanz-

Tabelle C 3: Die Häufigkeiten der Aufnahme und die Berücksichtigung der relativen Bedeutung der unabhängigen Kennzahlen in die bzw. den Diskriminanzfunktionen der Gesamt- und Teilstichproben bezüglich des Performance Maßes r_f bei 50-Tage-Renditen

Kennzahlen	Alle Unternehmen		Chemie		Maschinenbau	
	%-Auftreten	rel.Bedeutung	%-Auftreten	rel.Bedeutung	%-Auftreten	rel.Bedeutung
ADL	87 (68)	57,4	85,7 (72,2)	61,9	92,3 (66,6)	53,8
OU200	87 (51)	24,0	71,4 (66,6)	28,5	92,3 (41,6)	15.3
DAD	70,3 (55,2)	57,4	85,7 (38,8)	66,6	65,3 (64,7)	57,6
LRO	75,9 (60,9)	38,8	61,9 (53,8)	28,5	80,7 (76,1)	46,1
NHNL	74 (40)	3,7	85,7 (72,2)	0	65,3 (17,6)	7,6
SRO	59,2 (62,5)	0	57,1 (41,6)	0	85,7 (83,3)	0
Levy Rang	72,2 (30,7)	20,3	71,4 (33,3)	14,2	73 (31,5)	23
RSL	/	/	/	/	/	/
V	/	/	/	/	/	/
RSC	87 (61,7)	5,5	90,4 (68,4)	9,5	76,9 (60)	3,8
B&H/	81,4 (29,5)	62,9	85,7 (33,3)	61,9	76,9 (30)	61,5
Br./	85,1 (26)	68,5	90,4 (15,7)	57,1	88,4 (34,7)	80,7
GD-38/	83,3 (48,8)	12,9	80,9 (52,9)	9,5	88,4 (47,8)	15,3
GD-90/	77,7 (50)	35,1	71,4 (73,3)	28,5	80,7 (57,1)	34,6
GD-200/	85,1 (43,4)	57,4	95,2 (50)	61,9	73 (47,3)	53,8
PF-Max/	79,6 (46,5)	14,8	80,9 (47)	14,2	80,7 (47,6)	19,2
PF-Min/	77,7 (30,9)	16,6	71,4 (40)	19	80,7 (28,5)	11,5
PF-Unt.kurs/	61,1 (57,5)	20,3	61,9 (53,8)	23,8	71,4 (60)	11,5
PF-Wid.kurs/	70,3 (55,2)	42,5	57,1 (58,3)	28,5	84,6 (59)	50
LC-Unt.kurs/	/	/	/	/	/	/
LC-Wid.kurs/	/	/	/	/	/	/
LC-Unt.steigung	75,9 (46,3)	5,5	80,9 (29,4)	4,7	76,9 (60)	3,8
LC-Wid.steigung	83,3 (28,8)	1,8	85,7 (33,3)	4,7	84,6 (27,2)	0
BC-Max/	66,6 (27,7)	0	71,4 (26,6)	0	61,5 (31,2)	0
BC-Min/	72,2 (48,7)	0	71,4 (33,3)	0	69,2 (50)	0
BC-Unt.kurs/	79,6 (44,1)	14,8	71,4 (33,3)	23,8	92,3 (54,1)	7,6
BC-Wid.kurs/	77,7 (54,7)	5,5	80,9 (58,8)	4,7	69,2 (50)	7,6

analysen ist wegen des großen Rechenaufwandes verzichtet worden, so daß von einer Interpretation, die z. B. GRANVILLEs Regeln für die gleitenden Durchschnitte[1]) bestätigen oder verwerfen würde, abgesehen wird.

Durchgeführte Diskriminanzanalysen für die Marktindikatoren einerseits und für die technischen Verfahren der Einzelanalysen andererseits zeigten aber, daß für fast alle Unternehmen die Marktindikatoren die schlechteren Ergebnisse lieferten sowohl für die 100-Tage- als auch die 50-Tage-Renditen, wobei zu bemerken ist, daß bei den Ausnahmen sehr hohe a priori-Wahrscheinlichkeiten bezüglich einer Gruppe vorliegen. Die Fehler der technischen Einzelanalysen bestehen fast durchweg in einem zu großen Pessimismus, d. h. die fehlerhaften Objekte werden in ihrer Mehrzahl in die negative Performance Gruppe klassifiziert.

In der rechten Spalte von C 3 werden die prozentualen Anteile der relativ bedeutendsten Variablen angegeben. Diese Kennzahlen wurden aus den standardisierten Diskriminanzfunktionen[2]) der einzelnen Unternehmen ermittelt. Das Kriterium ist hierbei, daß wenigstens 50% der Trennung, gemessen an der Summe der standardisierten Koeffizienten, erklärt sein sollte, wobei Variablen, deren Trennbeitrag sich nur um maximal 2% von dem der letzten aufgenommenen Kennzahl unterscheidet, auch nach Überschreiten der 50%-Grenze aufgenommen wurden. Diese Vorgehensweise sollte der Mustererkennung dienlich sein, zumal diese Grenze meist bereits

---

1) Vgl. Abschnitt B.III.2.d) Die gleitende Durchschnittslinie

2) Vgl. Abschnitt B.II.3.b) Die relative Bedeutung der unabhängigen Kennzahlen

von einem Viertel der in die Diskriminanzfunktionen eingehenden Variablen erreicht wird.

Für alle Unternehmen erreichen acht der 23 Kennzahlen ein Niveau von über 80% der Aufnahme in die Funktionen, wobei zwei zu den Variablen gehören, die die Qualität des Marktes widerspiegeln sollen. Betrachtet man nun im Vergleich dazu die Stichproben der Branchen, so lassen sich jeweils mehr häufig auftretende Variablen feststellen; bei der Chemie eine markt- und zwei wertpapierspezifische Größen, und beim Maschinenbau zwei Marktkennzahlen und ein spezifisches Merkmal. In allen drei Stichproben treten nur vier Variablen gemeinsam sehr häufig auf.

Dieses unübersichtliche Bild entwickelt sich erst zu einem Muster, wenn man die Variablen betrachtet, die in mindestens 50% der Diskriminanzfunktionen eine große relative Bedeutung aufweisen. Eine Untersuchung nach diesem Kriterium zeigt die große Bedeutung von fünf Kennzahlen, der Marktindikatoren ADL und DAD sowie der drei Quotienten Buy & Hold-Index zu Kurs, Branchen-Index zu Kurs und Wert der GD200 zu Kurs.[1] Senkt man den Anspruch des Auftretens auf ein Drittel, so zeigen sich Unterschiede zwischen den Branchen. Während beim Maschinenbau neben die in 50% aller Fälle auftretende Kennzahl Wert der Point & Figure Widerstandslinie noch der GD90 und der LRO hinzutreten, verändert sich bei der Chemie nichts. Dies könnte auf ein branchenspezifisches Muster hindeuten.

Insgesamt überrascht bei der Analyse von Tabelle C 3 die geringe Häufigkeit der aus den Chartformen entwickelten Kennzahlen. Sieht man die Kennzahlen der einzelnen Charttypen aber als Einheit, so zeigt sich, daß keine ausgeschlossen werden sollte.

---

1) Im folgenden wird die Bezeichnung "zu Kurs" nicht mehr benutzt.

Der Übergang zur Branchenanalyse[1] bezüglich r_f erzielt fast keine abweichenden Ergebnisse. So tritt bei den risikoärmeren Unternehmen der Chemiebranche bei den Marktindikatoren noch der OU200 hinzu, während der Branchenindex etwas an Bedeutung verliert. Beim Maschinenbau nehmen bei diesem Unternehmenstyp der ADL und der B & H an Bedeutung ab, während bei den risikoreicheren und restlichen Wertpapieren der LRO hinzutritt. Außergewöhnlich zu bemerken ist dabei noch die starke Präsenz der kurzfristigen GD und der P & F-Extremwerte in den Diskriminanzfunktionen der risikoreicheren Unternehmen. Dies soll aber nicht als signifikanter Unterschied oder besser abweichendes Muster dieses fundamentalen Unternehmenstyps aufgefaßt werden, obwohl auch die Analyse der WILKS' Lambda dieser Teilstichprobe Besonderheiten aufweist.

Die anschließende Analyse der gesamten Stichprobe für die restlichen Performance Maße[2] bestätigt die Ergebnisse der Tabelle C3.

Nur bei den Performance Maßen r_{Br} und r_{St} besteht ein leichter Unterschied bezüglich der wichtigsten Kennzahlen. Allen vier gemeinsam bei ähnlichen Prozentsätzen der relativen Häufigkeit sind die Marktindikatoren ADL, DAD und LRO sowie die drei Merkmale B & H, Branchen-B & H und GD200 und, außer bei r_{Br}, wobei nur knapp 4% am zugrunde gelegten Kriterium fehlen, GD90. Bei r_{St} tritt zusätzlich noch OU200 hervor. Diese grosse Übereinstimmung bestätigt sowohl die für r_f bereits dargestellten Ergebnisse, als auch die Homogenität, die für diese Performance Maße bei den WILKS' Lambda und den Vertrauenswahrscheinlichkeiten erreicht wird.

---

1) Vgl. Anhang 3, Tabelle 5a,b

2) Vgl. Anhang 3, Tabelle 6a,b

Da auch die Diskriminanzanalysen mit den Trennkriterien der TREYNOR Maße die gleichen Variablen als bedeutend ermitteln, ist die Behauptung eines Musters und damit eines homogenen Marktverhaltens für diese Renditeperiode innerhalb des betrachteten Zeitraumes wohl zulässig.

Eine Überprüfung anhand der geteilten Börsenkapitalstichprobe unterstützt die Ergebnisse.[1] D. h., unabhängig von Branche, Börsenkapital oder zugrunde gelegtem Performance Maß als Trennkriterium entsteht im Durchschnitt das gleiche Muster in den Diskriminanzfunktionen.

2. Die Untersuchung der über 100 Börsentage erzielten Renditen

Für diese Untersuchungsperiode, deren Grundlage ebenfalls die Tageskursstichprobe vom 4.01.82 - 30.12.86 ist, wird die Anzahl der Performance Maße auf fünf reduziert, da die Renditen des Buy & Hold, des streukapitalgewichteten und des grundkapitalgewichteten Portefeuilles zu sehr ähnlichen Ergebnissen geführt haben.

a) Die Güte der Diskriminanzfunktionen

Ein Vergleich der Tabelle C 4 mit der Tabelle C 1 zeigt große Ähnlichkeiten. So ist auch in C 4 die a priori-Wahrscheinlichkeit und die Streuung derselben bezüglich des Branchenindexes am geringsten. Ebenso zeigt es sich, daß die Trennungskriterien nach TREYNOR die besten Reklassifikationen - etwa 90% - erreichen bei einer für alle gleichen Abweichung von etwa 20% im

---

1) Vgl. Anhang 3, Tabelle 7a,b

Tabelle C 4: Schätzwerte der maximalen a priori-Wahrscheinlichkeit $\hat{p}(\omega_{max})$ und der Vertrauenswahrscheinlichkeit $(1-\hat{p}^F)$ der Gesamtstichprobe bei 100-Tage-Renditen

Performance Maße	Ø $\hat{p}(\omega_{max})$	Standardabweichung von $\hat{p}(\omega_{max})$	Ø$(1-\hat{p}^F)$	Standardabweichung von $(1-\hat{p}^F)$
r_f	0,671	0,1114	0,88	0,0555
r_{BH}	0,666	0,1227	0,864	0,0422
r_{Br}	0,631	0,0885	0,856	0,0461
TM_{BH}	0,677	0,1183	0,897	0,0445
TM_{Br}	0,696	0,1264	0,9	0,0468

Vergleich zu den a priori-Wahrscheinlichkeiten und nahezu gleichen Streuungen. Der einzige Unterschied besteht in der jetzt annähernd gleichen Streuung der risikobereinigten Maße (TM_{BH}, TM_{Br}) und den nicht risikobereinigten Maßen r_f und r_{BH}, wobei die längere Renditeperiode zwar die Erhöhung für r_f und r_{BH} erklärt, nicht aber die Konstanz von TM_{BH} und TM_{Br}.

Auch die Analyse der beiden Branchen [1] bringt für diese Periode kaum Unterschiede. So werden ähnliche Fehlklassifikationswahrscheinlichkeiten erzielt wie bei der 50-Tage-Periode bei allerdings etwas höherem $\hat{p}(\omega_{max})$. Der einzige größere, auffallende Unterschied ist die doppelte Erreichung des Maximums von $(1-\hat{p}^F)$ bei den risikoreicheren Maschinenbauern.

---

1) Vgl. Anhang 3, Tabelle 8a,b

Dies erklärt sich aber bei der für das Kriterium r_{BH} sehr hohen a priori-Zuordnungswahrscheinlichkeit von fast 70%.

Auch Tabelle C 5 zeigt außer dem Anstieg der Streuungen der WILKS' Lambda der Gesamtstichprobe für die Benchmarks r_f , r_{BH} und r_{Br}, keine großen Unterschiede. Selbst die Besonderheit der Chemiebranche, die Erreichung des Minimums bei TM_{Br} entspricht den Ergebnissen der 50-Tage-Betrachtung. Etwas überraschend sind allerdings die kleineren Werte der WILKS' Lambda für die nicht risikoadjustierten Maße bei gleichzeitiger Konstanz der TREYNOR Performance Maße.

Tabelle C 5 : WILKS' Lambda Λ der Gesamt- und Teilstichproben bei 100-Tage-Renditen

Performance Maße	Gesamtstichprobe		Chemiebranche	Maschinenbaubranche	Restunternehmen
	Ø Λ	σ (Λ)	Ø Λ	Ø Λ	Ø Λ
r_f	0,453	0,11	0,423	0,476	0,456
r_{BH}	0,47	0,1222	0,442	0,481	0,513
r_{Br}	0,476	0,1128	0,445	0,502	/
TM_{BH}	0,428	0,135	0,405	0,453	0,395
TM_{Br}	0,447	0,1457	0,389	0,494	/

Dies bestätigt auch die Betrachtung der Branchen im einzelnen.[1] So sinken auch hier die Werte der WILKS' Lambda für den sicheren Zinssatz bzw. die Indices bei nahezu unverändertem Verhalten für TM_{BH} und TM_{Br}. Auch die Besonderheiten bezüglich der beiden Teilstichproben - der risikoreichen Maschinenbauer und der risikoarmen Chemieunternehmen - treten hier auf. Eine Analyse der relativ bedeutendsten Kennzahlen sollte dies bestätigen.[2]

b) Die Kennzahlen der Diskriminanzfunktionen

Wie nach den im letzten Abschnitt festgestellten Ergebnissen nicht anders zu erwarten, sind auch die relativ bedeutendsten Kennzahlen mit denen der 50-Tage-Betrachtung identisch. Einzig bemerkenswerte Änderungen sind erstens die relativ stärkere Bedeutung des GD-90 für die Maße r_f, r_{BH}, r_{Br} und TM_{BH} sowie zweitens das etwas stärkere Auftreten des OU200 für r_{BH} und TM_{BH}, der aber auch schon bei der 50-Tage-Periode für das Kriterium r_{St} eine relativ starke Bedeutung hat.

Diese Feststellungen für die 50- und 100-Tage-Renditeperioden lassen nur den einen Schluß zu, daß Aktien unabhängig von ihrer fundamentalen Einbettung vom Markt anhand ähnlicher Kriterien beurteilt werden. Diese gleiche Beurteilung führt dann in ihrem Resultat für die fundamental unterschiedlichen Unternehmen zu den z. B. für die risikoärmeren Chemieunternehmen und die risikoreicheren Maschinenbauunternehmen festgestellten abweichenden Mustern der Λ. Wobei allerdings festgestellt werden kann, daß diese Λ-Muster für die auf den Kennzahlen-Mustern aufbauenden Handlungsstrategien bedeutungslos sind.

1) Vgl. Anhang 3, Tabelle 9a,b

2) Vgl. Anhang 3, Tabelle 10a,b

3. Die Untersuchung der über 12 Börsenwochen erzielten Renditen

Grundlage dieser Teiluntersuchung ist die Freitagseinheitskursstichprobe vom 02.01.1976 bis zum 30.12.1986. Aufgrund der bisher erzielten Ergebnisse wird die Anzahl der Performance Maße auf zwei reduziert: r_f und TM_{BH}.

a) Die Güte der Diskriminanzfunktionen

Tabelle C 6: Schätzwerte der maximalen a priori-Wahrscheinlichkeit $\hat{p}(\omega_{max})$ und der Vertrauenswahrscheinlichkeit $(1-\hat{p}^F)$ der Gesamtstichprobe bei 12-Wochen-Renditen

Performance Maße	Ø $\hat{p}(\omega_{max})$	Standardabweichung von $\hat{p}(\omega_{max})$	Ø $(1-\hat{p}^F)$	Standardabweichung von $(1-\hat{p}^F)$
r_f	0,569	0,0447	0,761	0,0445
TM_{BH}	0,632	0,1003	0,837	0,0552

Wie Tabelle C 6 zeigt, treten ähnliche Ergebnisse wie bei der 50-Tage-Periode auf. So ist sowohl die maximale a priori-Wahrscheinlichkeit als auch ihre Streuung für das TREYNOR Maß höher. Für die Ergebnisse der Diskriminanzanalysen der gesamten Stichprobe ist aber festzustellen, daß das durchschnittliche Reklassifikationsergebnis einen kleineren Wert erreicht bei etwa gleich großer Streuung. Dies gilt sowohl für r_f als auch für TM_{BH}.

Dies wird untermauert durch die Ergebnisse der Branchenanalyse.[1] So sind sowohl für die Chemie- als auch für die Maschinenbaugesellschaften die Ergebnisse generell schlechter, wenn auch das Absinken der Vertrauenswahrscheinlichkeit mit einem gleichzeitigen Absinken der a priori-Wahrscheinlichkeit verbunden ist.

Diese relativ schlechten Ergebnisse werden durch die großen Werte von WILKS' Lambda unterstützt. So unterschreitet Λ für r_f nicht den Wert von 0,65 , was eine deutliche Überschneidung der beiden Gruppendichten der Diskriminanzwerte anzeigt.

Tabelle C7: WILKS' Lambda Λ der Gesamt- und Teilstichproben bei 12-Wochen-Renditen

Performance Maße	Gesamtstichprobe		Chemiebranche	Maschinenbaubranche	Restunternehmen
	Ø Λ	σ (Λ)	Ø Λ	Ø Λ	Ø Λ
r_f	0,656	0,0728	0,661	0,654	0,652
TM_{BH}	0,532	0,1286	0,513	0,56	0,49

Selbst für das TREYNOR Maß wird im Mittel der Wert von 0,5 nicht unterschritten. Die Branchenwerte bestätigen die Ergebnisse[2] und zeigen weiter, daß sich auch die Relationen der Λ zwischen r_f und TM_{BH} für die einzelnen Teilstichproben verändert haben.

1) Vgl. Anhang 3, Tabelle 11a,b

2) Vgl. Anhang 3, Tabelle 12a,b

b) Die Kennzahlen der Diskriminanzfunktionen

Die Analyse der Kennzahlen ist vergleichend nur verfälschend möglich,[1] da bei dieser Testreihe die Levy Ränge durch RSL und den Variationskoeffizienten ersetzt werden, der Branchenindex zur Überprüfung des Stichprobenindexes herausgelassen wird, sowie die Linien-Chart Unterstützungs- und Widerstandslinien wieder eingesetzt werden.

Die Ergebnisse zeigen aber immer noch vier Übereinstimmungen: Die ADL, die DAD, der B & H und der GD40, der den GD200 ersetzt, treten auch in dieser Analyse sehr stark in den Vordergrund. Auffallend ist dabei, daß insgesamt neun Variablen das Drittel-Kriterium bezüglich TM_{BH} erfüllen. Dies deutet auf keine große Homogenität der Funktionen hin.

Auf eine weitere Interpretation wird aber wegen der zum Teil als schlecht zu bezeichnenden Ergebnisse verzichtet.

III. Abschließender Test und letzte Bemerkungen

Ein letzter Test wird am Kriterium des 19. Oktober 1987, der als "Schwarzer Montag" in die Börsengeschichte eingegangen ist, durchgeführt.

Grundlage des Tests ist eine Stichprobe der 15 größten Unternehmen für die Diskriminanzfunktionen bezüglich des Trennkriteriums TM_{BH}[2] bei 50-Tage-Renditen

1) Vgl. Anhang 3, Tabelle 13

2) Diese Auswahl erfolgte nach den Werten für das beste WILKS' Lambda.

berechnet werden aufgrund der Daten des Zeitraumes vom 01.01.1986 bis 22.05.1987. [1] In die resultierenden Funktionen werden dann die Werte des Zeitraumes vom 23.05.1987 bis zum 30.12.1987 eingesetzt und die Perioden klassifiziert.

Die einfache Strategie besteht nun darin, eine Aktie an dem Tag zu kaufen, an dem sie in die positive Performance Gruppe klassifiziert wird und zu verkaufen im umgekehrten Fall.

Die Ergebnisse sind verblüffend!

BAYER:	Verkauf am 04.05.1987 Kein Rückkauf
BASF:	Verkauf am 03.06.1987 Kein Rückkauf
SIEMENS:	Verkauf am 15.05.1987 Kein Rückkauf
HOECHST:	Verkauf am 03.06.1987 Kauf am 11.08.1987 zu 334,1 DM Verkauf am 01.09.1987 zu 333,5 DM Kein weiterer Kauf
DAIMLER:	Verkauf am 25.02.1987 Kein Rückkauf
SCHERING:	Verkauf am 03.07.1987 Kauf am 02.11.1987
Dt. BABOCK:	Verkauf am 17.11.1987 Kein Rückkauf
LINDE:	Verkauf am 17.02.1987 Kein Rückkauf
KHD:	Verkauf am 16.04.1987 ab September fehlerhafte Daten
BEIERSDORF:	Verkauf am 17.03.1987 Kein Rückkauf

1) Für diesen Zeitraum ist es erforderlich, die Kurse bis zum 31.07.1987 zu kennen, d. h. die Periode vom 23.05.1987 bis zum 31.07.1987 wird mit den Informationen des 22.05.1987 als letzte ex-post klassifiziert.

RÜTGERS:	Verkauf am 01.09.1987 Kein Rückkauf
GOLDSCHMIDT:	Verkauf am 10.06.1987 Kein Rückkauf
KSB:	Verkauf am 09.04.1987 Kein Rückkauf
GILDEMEISTER:	Verkauf am 09.04.1987 Kauf am 31.08.1987 zu 130,-- DM Verkauf am 25.09.1987 zu 134,-- DM Kauf am 29.09.1987 zu 132,-- DM Kurs am 19.10.1987: 130,-- DM
[PHOENIX:	Fehlerhafte Daten]
O&K:	Verkauf am 24.06.1987 Kauf am 15.12.1987

Die Ergebnisse zeigen, daß mit Ausnahme zweier Wertpapiere, deren Kurse auch gegen Ende des Betrachtungszeitraumes nur sehr langsam fielen, am 19.10.1987 keine Aktien im Portefeuille gehalten werden. D. h., selbst diese einfache Strategie, die keine eingehende Analyse der erzielten Diskriminanzwerte erfordert, die z. B. nicht den Eintritt in den Unschärfebereich [1)] berücksichtigt, ist in der Lage, den "Schwarzen Montag" zu erkennen.

Daraus kann nur gefolgert werden:

> Systematische Schwankungen im Kursverkauf deutscher Aktien sind aufgrund technischer Informationen festzustellen! [2)]

---

1) Als Unschärfebereich wird der Bereich bezeichnet, in dem sich beide Gruppendichten überschneiden.

2) Dieses Ergebnis muß überraschen, zumal RUN-Tests für alle Unternehmen für die 50-Tage-Renditen signifikante Zufälligkeit des Renditeverlaufs angeben.

D. h., zumindest für den betrachteten Teilmarkt, daß die These der Informationseffizienz, verbunden mit jeweils einer der sieben Renditeerklärungsannahmen, abzulehnen ist!

Zum Verfahren und seiner Anwendung muß dabei allerdings noch angemerkt werden, daß keinesfalls eine Konstanz des Verhaltens der Anleger und damit eine Konstanz der Diskriminanzfunktionen unterstellt werden kann. Dies widerspricht selbst den Annahmen von MUTH, der den am Markt Handelnden eine Lernfähigkeit zubilligte. Besonders nach einem Ereignis wie dem "Schwarzen Montag" muß von den Individuen erwartet werden, daß sie ihr Verhalten geändert haben, andere Akteure in den Markt eingetreten sind oder eine große Klientel den Aktienmarkt verlassen hat, was zur Folge hat, daß die Funktionen laufend (monatlich, vierteljährlich oder halbjährlich) überprüft werden sollten.

Weiter ist zu bemerken, daß für die Optimierung der Strategie erstens aktuelle fundamentale Daten hinzugefügt werden, zweitens verschiedene Trennkriterien getestet werden sollten und drittens auch der Zeitraum, der für die Erstellung der Diskriminanzfunktionen verwendet wird, einer eingehenden Untersuchung unterzogen werden sollte.

Eine auf solchen Überlegungen basierende Strategie wird dann im Ergebnis sicherlich die Wahrscheinlichkeit der Erzielung herausragender Überschußrenditen, gemessen an verschiedenen Referenzmodellen, am Kapitalmarkt bezüglich beliebig ausgewählter Aktien erheblich erhöhen.

Literaturverzeichnis

ALEXANDER, S. S., Price Movements in Speculative Markets: Trends or Random Walks, in: COOTNER, P. H., The Random Character of Stock Market Prices, Cambridge (Mass.) 1964, S. 199-218

DERS., Price Movements in Speculative Markets: Trends or Random Walks, No. 2, in: COOTNER, P. H., The Random Character of Stock Market Prices, Cambridge (Mass.) 1964, S. 338-372

ANDERSON, T. W., Classification by Multivariate Analysis, in: Psychometrika 16(1951), S. 31-50

ARBEL, A., CARVELL, S., POSTNIEKS, E., The Smart Crash of October 19th, in: Harvard Business Review 66 (3/1988), S. 124-136

ARBEL, A., JAGGI, B., Market Information Assimilation Related to Extreme Daily Price Jumps, in: FAJ 38 (Nov.-Dec. 1982), S. 60-66

ARLT, G., Adjustierung von Kursen und anderen Werten je Aktie, in: DVFA (Hrsg.), Beiträge zur Aktienanalyse, Nr. 15, Darmstadt 1975, S. 45-49

BACHELIER, L., Theory of Speculation, Diss. Paris, Paris 1900, in: COOTNER, P. H., The Random Character of Stock Market Prices, Cambridge (Mass.) 1964, (übersetzt von BONESS, A. J.), S. 17-78

BACKHAUS, K., ERICHSON, B., PLINKE, W., SCHUCHARD-FISHER, L., WEIBER, R., Multivariate Analysemethoden, 4. Aufl., Berlin et al. 1987

BARATTA, J., WUMMEL, D., Der 19. Oktober 1987, Terminmärkte, Programm-Handel und Portfolio-Versicherung, in: Die Bank 28(1988), S. 141-149

BEAVER, W. H., Zur Effizienz des Kapitalmarkts, in: BFuP 35 (1983), S. 344-358

BENISCHEK, E. A., Technische Aktienanalyse, Diss. München 1974, Ludwig-Maximilians-Universität München 1974

BREUER, R., Index-Portfolio der DtB AG, in: Die Bank 27 (1987), S. 472-474

BRITO, N. O., Marketability Restrictions and the Valuation of Capital Assets under Uncertainty, in: JoF 32(1977), S. 1109-1123

BRUSE, H., Zur betriebswirtschaftlichen Risikotheorie - Eine Analyse des Unternehmensrisiko, Diskussionsarbeit Nr. 75, Bonn 1983

DERS., Das Unternehmensrisiko: Eine theoretische und empirische Untersuchung, in: ZfB 54(1984), S. 964-996

BÜHNER, R., Portfolio-Risikoanalyse der Unternehmensdiversifikation von Industrieaktiengesellschaften, in: ZfB 53 (1983), S. 1023-1041

DERS., Rendite-Risiko-Effekte der Trennung von Eigentum und Leitung im diversifizierten Großunternehmen, in: ZfbF 36 (1984), S. 812-824

BÜHNER, R., MÖLLER, P., The Information Content of Corporate Disclosures of Divisionalization Decisions, in: Journal of Management Studies 22 (1985), S. 309-326

BÜSCHGEN, H. E., Das kleine Börsenlexikon, 17. Aufl., o. O., 1987

CICERO, M. T., Sämtliche Reden, eingeleitet, übersetzt und erläutert von FUHRMANN, M., Bd. I, Zürich 1970

COENENBERG, A. G., Jahresabschluß und Jahresabschlußanalyse, 10. Aufl., Landsberg am Lech 1988

COHEN, J. B., ZINBARG, E. D., ZEIKEL, A., Investment Analysis and Portfolio Management, 4. Aufl., Homewood 1982

COMMERZBANK AG (Hrsg.), Wer gehört zu wem?, 15. Aufl., Hamburg 1985

DERS., Rund um die Börse 1987, Hamburg 1987

COOTNER, P. H., The Random Character of Stock Market Prices, Cambridge (Mass.) 1964

DERS., Stock Prices: Random vs. Systematic Changes, in: COOTNER, P. H., The Random Character of Stock Market Prices, Cambridge (Mass.) 1964, S. 231-252

COPELAND, T. E., WESTON, J. F., Financial Theory and Corporate Policy, 2. Aufl., Reading (Mass.) et al. 1983

DeBONDT, W. F. M., THALER, R., Does the Stock Market Overreact?, in: JoF 40 (1985), S. 793-805

DEUTSCHE BUNDESBANK (Hrsg.), Statistische Beihefte zu den Monatsberichten der Deutschen Bundesbank, Reihe 2: Wertpapierstatistik, Frankfurt, Jahrgänge 1977-1987

DIMSON, E., MARSH, P., Event Study Methodologies and the Size Effect: The Case of UK Press Recommendations, unveröffentl. Skript, London 1985

DIPPEL, D., Wie wird der FAZ-Aktienindex errechnet?, in: Frankfurter Allgemeine Zeitung, Nr. 166, 22. Juli 1970, S. 19

DOTAN, A., OFER, A., Variable vs. Stationary Beta in the Market Model, in: JBF 8 (1984), S. 525-534

DYCKMAN, T. R., SMITH, A. J., Financial Accounting and Reporting by Oil and Gas Producing Companies - A Study of Information Effects, in: JAE 1 (1979), S. 45-75

EDWARDS, R. D., MAGEE, J., Technische Analyse von Aktientrends, 5. Aufl., Darmstadt 1975

EISENBEIS, R. A., AVERY, R. B., Discriminant Analysis and Classification Procedures-Theory and Applications, Lexington (Mass.)-Toronto-London 1972

ELTON, E. J., GRUBER, M. J., Modern Portfolio Theory and Investment Analysis, 3. Aufl., New York et al. 1987

ELTON, E. J., GRUBER, M. J., GULTEKIN, M., Expectations and Share Prices, in: Managment Science 27 (1981), S. 975-987

ERLENBACH, E., Das Maß für alle Aktien: Der FAZ-Aktienindex, in: Sonderdruck der Frankfurter Allgemeinen Zeitung - Frankfurter Börse 1585-1985, 20. August 1985, S. B 27 - B 28

ERWE, F., Differential- und Integralrechnung, Bd. 1: Elemente der Infinitesimalrechnung und Differentialrechnung, Mannheim-Wien-Zürich 1973

FAHRMEIR, L., HAMERLE, A., Multivariate statistische Verfahren, Berlin-New York 1984

FAMA, E. F., Risk, Return, and Equilibrium: Some Clarifying Comments, in: JoF 23 (1968), S. 29-40

DERS., Efficient Capital Markets: A Review of Theory and Empirical Work, in: JoF 25 (1970), S. 383-417

DERS., Risk, Return, and Equilibrium, in: JPE 79 (1971), S. 30-55

DERS., Reply, in: JoF 31 (1976), S. 143-145

DERS., Foundations of Finance, Oxford 1977

FAMA, E. F., FISHER, L., JENSEN, M., ROLL, R., The Adjustment of Stock Prices to New Information, in: International Economic Review 10(1969), S. 1-21

FAMA, E. F., MILLER, M. H., The Theory of Finance, Hinsdale (Ill.) 1972

FELLER, W., An Introduction to Probability Theory and Its Applications, Vol. II, 2. Aufl., New York - Chichester-Brisbane-Toronto-Singapore 1971

FERGUSON, R., How to Beat the S & P 500 (without losing sleep), in: FAJ 42 (March-Apr. 1986), S. 37-46

FINNERTY, J. E., Insiders and Market Efficiency, in: JoF 31 (1976), S. 1141-1148

FISCHER, D. E., JORDAN, R. J., Security Analysis and Portfolio Management, 4. Aufl., Englewood Cliffs (N.J.) 1987

FISHER, R. A., The Use of Multiple Measurements in Taxonomic Problems, in: Annals of Eugenics 7(1936), S. 179-188

FRANKFURTER, G. M., LAMOUREUX, C. G., Stock Selection and Timing - A New Look at Market Efficiency, in: JBF&A 15(1988), S. 385-400

FRIEND, I., BLUME, M., Measurement of Portfolio Performance under Uncertainty, in: AER 60(1970), S. 561-575

FRÜHLING, W., Kursprognosen für Aktien, Darmstadt et al. 1986

FUKUNAGA, K., KESSELL, D., Estimation of Classification Error, in: IEEE Transactions on Computers, C-20 (1971), S. 1521-1527

FULLER, R. J., WONG, G. W., Traditional versus Theoretical Risk Measures, in: FAJ 44(March-Apr. 1988), S. 52-57, 67

GONEDES, N. J., Evidence on the Information Content of Accounting Numbers: Accounting-Based and Market-Based Estimates of Systematic Risk, in: JFQA 8(1973), S. 407-443

GOODHART, C. A. E., Smith, R. G., The Impact of News on Financial Markets in the United Kingdom, in: Journal of Money, Credit and Banking 17 (1985), S. 507-511

GRANVILLE, J. E., GRANVILLE's New Strategy, Englewood Cliffs (N.J.) 1976

GRINBLATT, M., TITMAN, S., A Comparison of Measures of Abnormal Performance on a Sample of Monthly Mutual Fund Returns, unveröffentl. Skript, Los Angeles 1986

HANDELSBLATT GmbH (Hrsg.), Handelsblatt Wirtschafts- und Finanzzeitung, Düsseldorf-Frankfurt, Juli 1987

HANUSCH, H., ROSKAMP, K. W., WISEMANN, J. (Hrsg.), Staat und politische Ökonomie heute, Horst Claus Recktenwald zum 65. Geburtstag, Stuttgart 1985

HAUSCHILD, K., WINKELMANN, M., Kapitalmarkteffizienz und Point & Figure Analyse, in: KuK 18 (1985), S. 240-264

HAWAWINI, G. A., MICHEL, P. A., European Equity Markets-Risk, Return, and Efficiency, New York-London 1984

HAWKINS, E. H., CHAMBERLIN, S. C., DANIEL, W. E., Earnings Expectations and Security Prices, in: FAJ 40 (Sept.-Oct. 1984), S. 24-38, 74

HERI, E. W., Zur Prognostizierbarkeit von Wechselkursänderungen, in: ZWS 104 (1984), S. 369-389

HILLS, M., Allocation Rules and their Error Rates, in: Journal of the Royal Statistical Society, Series B, 28(1966), S. 1-20

HOCKMANN, H., Prognose von Aktienkursen durch Point and Figure-Analysen, Wiesbaden 1979

HOFMANN, H. W., Neue Erkenntnisse der technischen Aktienanalyse - Empirische Überprüfung verschiedener Anlagestrategien anhand Deutscher Aktienkursverläufe, in: DVFA (Hrsg.), Beiträge zur Aktienanalyse, Nr. 12, Darmstadt 1974, S. 11-27

DERS., Portfoliovergleich mit einer Zufallsinvestierung, in: DVFA (Hrsg.), Beiträge zur Aktienanalyse, Nr. 15, Darmstadt 1975, S. 30-43

HOPPENSTEDT & Co. (Hrsg.), Handbuch der deutschen Aktiengesellschaften - Das Spezial-Archiv der deutschen Wirtschaft, Darmstadt-Haarlem-Wien-Zürich, Jahrgänge 1977-1987

DERS., Hoppenstedt Kurstabellen - Kursanalysen, Darmstadt, Januar 1976 - Dezember 1987 (ohne Juli 1987)

DERS., Saling Aktienführer 1988, 81. Ausgabe, Darmstadt-Haarlem-Wien-Zürich 1987

ISERMANN, H., MERLE, G., RIEDER, U., SCHMIDT, R., STREITFERDT, L., DGOR-Operations Research Proceedings, Vorträge der 15. Jahrestagung 1986, Berlin-Heidelberg-New York-London-Paris-Tokyo 1987

ISSING, O., Eigennutz und Politikerverhalten, in: HANUSCH, H., ROSKAMP, K. W., WISEMANN, J. (Hrsg.), Staat und politische Ökonomie heute, Horst Claus Recktenwald zum 65. Geburtstag, Stuttgart 1985

DERS., Rationale Erwartungen - im Jahre 67 vor Christus, in: Kyklos 38(1985), S. 104-105

JAFFE, J. F., Special Information and Insider Trading, in: JoB 47(1974), S. 410-428

JENSEN, M. C. (Hrsg.), Studies in the Theory of Capital Markets, New York 1972

DERS., Some Anomalous Evidence Regarding Market Efficiency, in: JFE 6(1978), S. 95-101

JENTZSCH, B., Optionspreise in der Bundesrepublik Deutschland, Frankfurt a. M. 1985

JILER, W. L., How Charts Can Help You in the Stock Market, 9. Aufl., o. O. 1972

KALAY, A., LOEWENSTEIN, U., Are "Excess Returns" Necessarily Economic Profits? An Analysis of Changes in Risk and Their Pricing Effects in "Event Time", unveröffentl. Arbeitspapier, New York 1983

KEANE, S. M., Stock Market Efficiency, Oxford 1983

KENDALL, M., STUART, A., ORD, J. K., The Advanced Theory of Statistics, Vol. 3: Design and Analysis, and the Time-Series, 4. Aufl., London-High Wycombe 1983

KETTERER, K.-H., SCHÜLER, K. W., Eine Erklärung der zyklischen Aktienkursbewegung aus der Sicht der neueren Geldtheorie, in: DVFA (Hrsg.), Beiträge zur Aktienanalyse, Nr. 15, Darmstadt 1975, S. 5-18

KING, B. F., Market and Industry Factors in Stock Price Behavior, in: JoB 39 (1966), S. 139-190

KLECKA, W. R., Discriminant Analysis, Beverly Hills-London 1980

KREYSZIG, E., Statistische Methoden und ihre Anwendungen, 7. Aufl., Göttingen 1982

LACHENBRUCH, P. A., Discriminant Analysis, New York - London 1975

LAKONISHOK, J., SHAPIRO, A., Systematic Risk, Total Risk and Size as Determinants of Stock Market Returns, in: JBF 10 (1986), S. 115-132

LATANÉ, H. E., TUTTLE, D. L., Security Analysis and Portfolio Management, New York 1970

LERBINGER, P., Aktienkursprognose durch Linienchart-Formationen und Trendlinien, München 1984

DERS., Die Leistungsfähigkeit deutscher Aktieninvestmentfonds, in: ZfbF 36 (1984), S. 60-73

DERS., Beta-Faktoren und Beta-Fonds in der Aktienanalyse, in: AG 29(1984), S. 287-294

DERS., Aktienkursprognose durch Linienchart-Formationen und Trendlinien, in: AG 33 (1988), S. 7-15

LeROY, S. F., Efficient Capital Markets: Comment, in: JoF 31 (1976), S. 139-141

LEVY, R. A., The Relative Strength Concept of Common Stock Price Forecasting, Larchmont (N.Y.) 1968

LINTNER, J., Security Prices, Risk, and Maximal Gains from Diversification, in: JoF 20(1965), S. 587-615

LÖBLER, H., PERLITZ, M., Die Prognose der Personalbestandsveränderungen von Unternehmen mit Hilfe der empirischen Bilanzanalyse, in: ZfbF 35 (1983), S. 113-134

LOISTL, O., Computergestütztes Wertpapiermanagement, München-Wien 1989

LORIE, J. H., FISHER, L., Reply to Dr. Leo Barnes-Knowledge Makes a Difference, in: FAJ 21 (Nov-Dec 1965), S. 118-120

LORIE, J. H., DODD, P., KIMPTON, M. H., The Stock Market-Theories and Evidence, 2. Aufl., Homewood (Ill.) 1985

LUCAS, R. E., Jr., Asset Prices in an Exchange Economy, in: Econometrica 46 (1978), S. 1429-1445

LUSTIG, I. L., LEINBACH, P. A., The Small Firm Effect, in: FAJ 39 (May-June 1983), S. 46-49

MANDELBROT,B.,The Variation of Certain Speculative Prices, in: COOTNER, P. H., The Random Character of Stock Market Prices, Cambridge (Mass.) 1964, S. 307-332

MARDIA, K. V., KENT, J. T., BIBBY, J. M., Multivariate Analysis, London-New York-Toronto-Sydney-San Francisco 1979

MARINELL, G., Multivariate Verfahren, 2. Aufl., München-Wien 1986

MAUPIN, R. J., Financial and Stock Market Variables as Predictors of Management Buyouts, in: Strategic Management Journal 8(1987), S. 319-327

MAYERS, D., Non-Marketable Assets and Capital Market Equilibrium, in: JENSEN, M. C. (Hrsg.), Studies in the Theory of Capital Markets, New York 1972, S. 459-485

MÖLLER, H. P., Die Informationseffizienz des deutschen Aktienmarktes, in: ZfbF 37(1985), S. 500-518

DERS., Bilanzkennzahlen und Ertragsrisiken des Kapitalmarktes, Stuttgart 1986

DERS., Die Bewertung risikobehafteter Anlagen an deutschen Wertpapierbörsen, in: ZfbF 40 (1988), S. 779-796

MORRISON, D. F., Multivariate Statistical Methods, New York et al. 1976

MOSSIN, J., Equilibrium in a Capital Asset Market, in: Econometrica 34(1964), S. 768-783

MÜHLBRADT, F., Die Herausforderung der deutschen Aktienanalysten durch die Effizienzmarktthese - Sind die technische Analyse und die Fundamentalanalyse für die Aktienkursprognose wertlos?, in: DVFA (Hrsg.), Beiträge zur Aktienanalyse Nr. 19, Darmstadt 1980, S. 7-16

DERS., Die Leistungen von Wertpapier-Investmentfonds in Deutschland, in: AG 31(1986), S. 36-45

MURPHY, J. J., Technical Analysis of the Futures Markets, New York 1986

MURPHY, M. J., Why No One Can Tell Who's Winning, in: FAJ 36 (May-June 1980), S. 49-57

MUTH, J. F., Rational Expectations and the Theory of Price Movements, in: Econometrica 29 (1961), S. 315-335

NAGLER, F., Timing - Probleme am Aktienmarkt, Köln 1979

NEUFURTH, H. D., Erfolg mit Aktien, Bobenheim-Roxheim 1972

NEUMANN, M. J. M., Rationale Erwartungen in Makromodellen, in: Zeitschrift für Wirtschafts- und Sozialwissenschaften 99 (1979), S.371-401

NEUMANN, M. J. M., BUSCHER, H. S., Die Inflationsprognosen der Arbeitsgemeinschaft deutscher wirtschaftswissenschaftlicher Forschungsinstitute: Sind sie »rational«?, in: Weltwirtschaftliches Archiv 116 (1980), S. 533-550

NEUMANN, M. J. M., KLEIN, M., Probleme der Theorie effizienter Märkte und ihrer empirischen Überprüfung, in: KuK 15 (1982), S. 165-187

OBERHOFER, W., Lineare Algebra für Wirtschaftswissenschaftler, München-Wien 1978

o. V., Die 350 Größen, in: Capital 23 (10/1984), S. 215-218

PATELL, J. M., Corporate Forecasts of Earnings per Share and Stock Price Behavior: Empirical Tests, in: JAR 14 (1976), S. 246-276

PATERSON, R., The Efficient Market: An Alternative View, in: The Accountant's Magazine 92 (1988), Nr. 980, S. 25

PEARCE, P. K., An Empirical Analysis of Expected Stock Price Movements, in: JMCB 16 (1984), S. 317-327

PERLITZ, M., Empirische Bilanzanalyse, in: ZfB 49 (1979), S. 835-849

PINCHES, G. E., The Random Walk Hypothesis and Technical Analysis, in: FAJ 26 (March-Apr. 1970), S. 104-110

PINCHES,G. E., MINGO, K. A., A Multivariate Analysis of Industrial Bond Ratings, in: JoF 28 (1973), S. 1-17

RANSOM, C. R., The Ex Ante Information Content of Accounting Information Systems, in: JAR Supplement 23 (1985), S. 124-143

REINGANUM, M. R., Abnormal Returns in Small Firm Portfolios, in: FAJ 37 (March-April 1981), S. 52-56

RENCHER, A. L., LARSON, S. F., Bias in WILKS' Λ in Stepwise Discriminant Analysis, in: Technometrics 22 (1980), S. 349-356

REINEMER, K., Aktienkursbewegungen - betrachtet nach der "technischen Analyse", in: DVFA (Hrsg.), Beiträge zur Aktienanalyse Nr. 5, Darmstadt 1969, S. 35-42

ROLL, R., A Critique of the Asset Pricing Theory's Test's, Part I: On Test and Potential Testability of the Theory, in: JFE 4 (1977), S. 129-176

DERS., Ambiquity when Performance Is Measured by the Securities Market Line, in: JoF 33 (1978), S. 1051-1069

RUDOLPH, B., WILHELM, J. (Hrsg.), Bankpolitik finanzielle Unternehmensführung und die Theorie der Finanzmärkte, Festschrift für Hans-Jacob Krümmel, Berlin 1988

SCHILLER, W., Technische Aktienanalyse, 2. Aufl., München 1971

SCHLITTGEN, R., STREITBERG, B. H. J., Zeitreihenanalyse, 2. Aufl., München -Wien 1987

SCHMIDT, R. H., Aktienkursprognose, Wiesbaden 1976

DERS., Rechnungslegung als Informationsproduktion auf nahezu effizienten Kapitalmärkten, in: ZfbF 34 (1982), S. 728-748

SCHNELLER, M. I., Are Better Betas Worth the Trouble?, in: FAJ 39 (July-August 1983), S. 74-77

SCHUBÖ, W., UEHLINGER, H.-M., SPSS-X Handbuch der Programmversion 2, Stuttgart-New York 1984

SCHULZ, H.-D., Analyse zyklischer Aktien-Kursbewegungen I, II und III, in: Zeitschrift für das gesamte Kreditwesen 22 (1969), S. 522-526, 652-655, 712-715

SCHULZ, H.-D., HIELSCHER, U., Erläuterungen zur Benutzung der HOPPENSTEDT Charts, o. O., o. J., o. S.

SHARPE, W. F., Capital Asset Prices: A Theory of Market Equilibrium under Conditions of Risk, in: JoF 19 (1964), S. 425-442

SMITH BAMBER, L., The Information Content of Annual Earnings Releases: A Trading Volume Approach, in: Journal of Accounting Research 24 (1986), S. 40-56

SPSS Inc. (Hrsg.), SPSS-X Statistical Algorithms, Chicago 1983

DERS., SPSS inc. reports - SPSS Statistical Algorithms, o. O. 1985

STATISTISCHES JAHRBUCH für die Bundesrepublik Deutschland 1976, Hrsg.: Statistisches Bundesamt Wiesbaden, Stuttgart-Mainz 1976

STEHLE, R., Die Beurteilung von Anlagestrategien: Verfahren und Probleme, in: ISERMANN, H., MERK, G., RIEDER, U., SCHMIDT, R., STREITFERDT, L., (Hrsg.), DGOR-Operations Research Proceedings, Vorträge der 15. Jahrestagung 1986, Berlin-Heidelberg-New York-London-Paris-Tokyo 1987, S. 139-149

STEINER, M., RÖSSLER, M., Zukunftsorientierte Bilanzanalyse und ihre Prognosequalität, in: BFuP 28 (1976), S. 440-461

STRONG, N., WALKER, M., Information and Capital Markets, Oxford 1987

TAKEUCHI, K., YANAI, H., MUKHERJEE, D. N., The Foundations of Multivariate Analysis, New York et al. 1982

UHLIR, H., The German Equity Market: A Review of the Efficiency Literature, in: HAWAWINI, G. A., MICHEL, P. A., European Equity Markets - Risk, Return, and Efficiency, New York-London 1984, S. 317-332

UHLIR, H., STEINER, P., Wertpapieranalyse, Heidelberg-Wien 1986

WAHL, J., Informationsbewertung und -effizienz auf dem Kapitalmarkt, Würzburg-Wien 1983

WASCHKOWSKY, H., Prognose von Aktienkursen, Frankfurt am Main 1971

WEBER, E., Grundriß der biologischen Statistik, 8. Aufl., Stuttgart-New York 1980

WELCKER, J., Technische Analyse durch Computertest bestätigt - Random Walk Theorie widerlegt, in: KuK 14 (1981), S. 136-146

DERS., Zinsprognose durch Point & Figure Analyse, in: ZfK 39 (1983), S. 102-106

DERS., Technische Aktienanalyse, 3. Aufl., Zürich 1986

WELCKER, J., BRUTSCHER, J., Entwicklung und Test einer operationalisierbaren Point & Figure-Anlagestrategie, in: RUDOLPH,B., WILHELM, J. (Hrsg.), Bankpolitik finanzielle Unternehmensführung und die Theorie der Finanzmärkte, Festschrift für Hans-Jacob Krümmel, Berlin 1988, S. 443-473

WELCKER, J., THOMAS, E., Finanzanalyse, München 1981

WIESBÖCK, K., Lineare Diskriminanzanalyse - Theoretische Ansatzpunkte und computergestützte Realisierung, Diss. Universität Passau 1987, Passau 1987

WILHELM, J., Finanztitelmärkte und Unternehmensfinanzierung, Berlin-Heidelberg-New York 1983

WINKELMANN, M., Aktienbewertung in Deutschland, Königstein/Ts. 1984

WOOD, D., PIESSE, J., The Information Value of MDA Based Financial Indicators, in: JBF&A 14 (1987), S. 27-38

ZASS, M., Wertpapierhandel: 24 Stunden rund um den Globus oder zwei Stunden an der Börse, in: Der langfristige Kredit 39 (1988), S. 36-39

Anhang 1: Die Unternehmen

Die Liste der Unternehmen mit:

Laufender Nummer) Name des Unternehmens

Branchenzuordnung; Brusescher Risikoeinteilung; der nach Börsenkapital differenzierten Bezeichnung in Groß- und Klein-Unternehmen;

dem Grundkapital sowie in Klammern dem Streubesitz (= Börsenkapital) in 1.000 DM

1) Aktiengesellschaft Kühnle, Kopp & Kausch
Maschinenbau; risikoarm; - ;
Grundkapital: 14.000 (5.320)

2) Alexanderwerk Aktiengesellschaft
Maschinenbau; risikoreich; - ;
Grundkapital: 4.800 (2.352)

3) BALCKE-DÜRR Aktiengesellschaft
Maschinenbau; - ; - ;
Grundkapital: 30.000 (1.350)

4) J. Banning Aktien-Gesellschaft
Maschinenbau; risikoarm; - ;
Grundkapital: 3.015 (1.477)

5) BASF Aktiengesellschaft
Chemie; risikoarm; Großunternehmen;
Grundkapital: 2.578.236 (dto)

6) Bayer Aktiengesellschaft
Chemie; risikoarm; Großunternehmen;
Grundkapital: 2.613.132 (dto)

7) Beiersdorf Aktiengesellschaft
Chemie; risikoarm; - ;
Grundkapital: 165.492 (72.816)

8) H. Berthold Aktiengesellschaft
Maschinenbau; - ; - ;
Grundkapital: 24.000 (15.600)

9) BMA - Braunschweigische Maschinenbauanstalt AG
Maschinenbau; risikoarm; Kleinunternehmen;
Grundkapital: 25.000 (500)

10) Cassella Aktiengesellschaft
Chemie; - ; - ;
Grundkapital: 34.100 (8.320)

11) Chemische Werke Brockhues Aktiengesellschaft
Chemie; risikoarm; - ;
Grundkapital: 1.190 (880)

12) Daimler-Benz Aktiengesellschaft
Automobilbau; risikoarm; Großunternehmen;
Grundkapital: 1.698.695 (373.712)

13) BABCOCK - DEUTSCHE BABCOCK AKTIENGESELLSCHAFT
Maschinenbau; - ; Großunternehmen;
Grundkapital: 250.000 (185.000)

14) Diskuswerke AG *
Maschinenbau; - ; - ;
Grundkapital: 3.000 (720)

15) Dorstener Maschinenfabrik Aktiengesellschaft
Maschinenbau; - ; Kleinunternehmen;
Grundkapital: 3.000 (117)

16) Enka Aktiengesellschaft
Chemie; - ; - ;
Grundkapital: 297.180 (8.321)

17) Gildemeister Aktiengesellschaft
Maschinenbau; - ; - ;
Grundkapital: 56.000 (27.440)

18) Th. Goldschmidt Aktiengesellschaft
Chemie; risikoarm; - ;
Grundkapital: 58.000 (40.600)

19) Guano-Werke Aktiengesellschaft
Chemie; - ; Kleinunternehmen;
Grundkapital: 16.800 (336)

20) Hartmann & Braun Aktiengesellschaft
Elektro, risikoreich; - ;
Grundkapital: 36.000 (2.160)

21) Hoechst
Chemie; risikoarm; Großunternehmen;
Grundkapital: 2.578.000 (1.938.789)

22) Hoffmann's Stärkefabriken Aktiengesellschaft
Chemie; - ; - ;
Grundkapital: 11.600 (5.684)

23) Klöckner-Humblodt-Deutz AG
Maschinenbau; - ; Großunternehmen;
Grundkapital: 318.000 (155.820)

24) KOENIG & BAUER AKTIENGESELLSCHAFT
Maschinenbau; - ; - ;
Grundkapital: 32.000 (7.680)

25) Koepp Aktiengesellschaft
Chemie; risikoreich; Kleinunternehmen;
Grundkapital: 5.000 (450)

26) Krauss-Maffei Aktiengesellschaft
Maschinenbau; risikoreich; - ;
Grundkapital: 16.250 (585)

27) KSB-Klein, Schanzlin & Becker Aktiengesellschaft
Maschinenbau; risikoarm/-reich; - ;
Grundkapital: 75.259 (36.876)

28) Linde Aktiengesellschaft
Maschinenbau; risikoarm; Großunternehmen;
Grundkapital: 225.698 (173.787)

29) LÖWENBRÄU
Brauerei; risikoarm/-reich; - ;
Grundkapital: 10.035 (903)

30) MAIHAK AG Hamburg
Maschinenbau; - ; - ;
Grundkapital: 5.000 (2.450)

31) Maschinenfabrik Esterer AG
Maschinenbau; - ; - ;
Grundkapital: 3.300 (759)

32) Maschinenfabrik Müller-Weingarten Aktiengesellschaft
Maschinenbau; - ; - ;
Grundkapital: 21.000 (10.290)

33) Moenus Aktiengesellschaft
Maschinenbau; - ; - ;
Grundkapital: 9.000 (4.590)

34) New-York Hamburger Gummi-Waaren Compagnie
Chemie; - ; - ;
Grundkapital: 6.000 (840)

35) O & K Orenstein & Koppel Aktiengesellschaft
Maschinenbau; - ; - ;
Grundkapital: 90.000 (22.410)

36) Otavi Minen AG
Grundstoffe; - ; - ;
Grundkapital: 12.000 (7.200)

37) Parkbrauerei Aktiengesellschaft Pirmasens-Zweibrücken
Brauerei; risikoarm; - ;
Grundkapital: 6.000 (?)

38) Phoenix Aktiengesellschaft
Chemie; - ; - ;
Grundkapital: 50.000 (25.500)

39) PITTLER MASCHINENFABRIK AKTIENGESELLSCHAFT
Maschinenbau; risikoreich; - ;
Grundkapital: 24.000 (17.760)

40) Riedel-de Haën Aktiengesellschaft
Chemie; risikoreich; - ;
Grundkapital: 14.000 (3.220)

41) RUBEROIDWERKE AKTIENGESELLSCHAFT
Chemie; - ; - ;
Grundkapital: 6.000 (1.380)

42) Rütgerswerke Aktiengesellschaft
Chemie; - ; - ;
Grundkapital: 118.600 (42.696)

43) Scheidemandel Aktiengesellschaft
Chemie; risikoreich; - ;
Grundkapital: 11.875 (831)

44) Carl Schenck Aktiengesellschaft *
Maschinenbau; - ; - ;
Grundkapital: 56.000 (12.880)

45) SCHERING
Chemie; risikoarm; Großunternehmen;
Grundkapital: 283.000 (dto)

46) SCHIESS Aktiengesellschaft
Maschinenbau; risikoreich; - ;
Grundkapital: 10.000 (7.600)

47) SCHUBERT & SALZER Maschinenfabrik Aktiengesellschaft
Maschinenbau; - ; - ;
Grundkapital: 24.000 (15.840)

48) SIEMENS
Elektro; risikoarm; Großunternehmen;
Grundkapital: 2.386.732 (dto)

49) Spinnstofffabrik Zehlendorf Aktiengesellschaft
Chemie; - ; - ;
Grundkapital: 14.500 (783)

50) R. Stock Aktiengesellschaft
Maschinenbau; risikoreich; Kleinunternehmen;
Grundkapital: 6.000 (12)

51) Stuttgarter Hofbräu Aktiengesellschaft
Brauerei; risikoarm; - ;
Grundkapital: 25.000 (12.250)

52) Süd-Chemie Aktiengesellschaft
Chemie; risikoarm; - ;
Grundkapital: 30.375 (19.136)

53) Tonwarenindustrie Wiesloch Aktiengesellschaft
Chemie; - ; - ;
Grundkapital: 4.050 (1.984)

54) Joseph Vögele Aktiengesellschaft *
Maschinenbau; - ; - ;
Grundkapital: 10.000 (2.450)

55) Walther & Cie. Aktiengesellschaft
Maschinenbau; risikoreich; Kleinunternehmen;
Grundkapital: 7.500 (30)

56) Wanderer-Werke Aktiengesellschaft
Maschinenbau; - ; - ;
Grundkapital: 14.000 (6.860)

57) Zahnradfabrik RENK Aktiengesellschaft
Maschinenbau; - ; - ;
Grundkapital: 25.000 (6.000)

Die mit " * " gekennzeichneten Unternehmen wurden während der Analyse wegen datentechnischer Probleme ausgeschlossen.

Anhang 2: Die Kennzahlen

Die Liste der Kennzahlen:

Laufender Nummer) Abkürzung: genaue Bezeichnung (zur Berechnung verwendete Programmiersprache bzw. Software-Paket)

1) ADL:	Advance Decline Line (FORTRAN 77)
2) OU 200:*)	Over-Under 200-Day Moving Average (FORTRAN 77)
3) DAD: *)	Durchschnittliche Abweichung vom gleitenden 200-Tage-Durchschnitt (FORTRAN 77)
4) LRO:	Long Range Oscillator (FORTRAN 77)
5) NHNL:	High-Low-Index (FORTRAN 77)
6) SRO:	Short Range Oscillator (FORTRAN 77)
7) Levy Rang:	Rangnummer der relativen Stärke nach LEVY (SPSS-X, FORTRAN 77)
8) RSL:	Relative Stärke nach LEVY (SPSS-X)
9) V:	Volatilität (SPSS-X)
10) RSC:	Absolute Häufigkeit der Kurserreichung (FORTRAN 77)
11) B & H/:	Buy & Hold - Index / Kurs der Aktie (SPSS-X, FORTRAN 77)
12) Br./:	Buy & Hold - Branchenindex / Kurs der Aktie (SPSS-X, FORTRAN 77)
13) GD 38/:	Wert des 38-Tage gleitenden Durchschnitts / Kurs der Aktie (SPSS-X)
14) GD 90/:**)	Wert des 90-Tage gleitenden Durchschnitts / Kurs der Aktie (SPSS-X)
15) GD 200/:*)	Wert des 200-Tage gleitenden Durchschnitts / Kurs der Aktie (SPSS-X)
16) PF-Max/:	Säulenmaximum des Point & Figure-Charts / Kurs der Aktie (SPSS-X, FORTRAN 77)

17) PF-Min/:	Säulenminimum des Point & Figure-Charts / Kurs der Aktie (SPSS-X, FORTRAN 77)
18) PF-Unt.Kurs/:	Kurs der Point & Figure-Chart Unterstützungslinie / Kurs der Aktie (SPSS-X, FORTRAN 77)
19) PF-Wid.Kurs/:	Kurs der Point & Figure-Chart Widerstandslinie / Kurs der Aktie (SPSS-X, FORTRAN 77)
20) LC-Unt.Kurs/:	Kurs der Linien-Chart Unterstützungslinie / Kurs der Aktie (SPSS-X, FORTRAN 77)
21) LC-Wid.Kurs/:	Kurs der Linien-Chart Widerstandslinie / Kurs der Aktie (SPSS-X, FORTRAN 77)
22) LC-Unt.steigung:	Wert der Steigung der Linien-Chart Unterstützungslinie (FORTRAN 77)
23) LC-Wid.steigung:	Wert der Steigung der Linien-Chart Widerstandslinie (FORTRAN 77)
24) BC-Max/:	Säulenmaximum des Bar-Charts / Kurs der Aktie (SPSS-X, FORTRAN 77)
25) BC-Min/:	Säulenminimum des Bar-Charts / Kurs der Aktie (SPSS-X, FORTRAN 77)
26) BC-Unt.Kurs/:	Kurs der Bar-Chart Unterstützungslinie / Kurs der Aktie (SPSS-X, FORTRAN 77)
27) BC-Wid.Kurs/:	Kurs der Bar-Chart Widerstandslinie / Kurs der Aktie (SPSS-X, FORTRAN 77)

*) 200-Tage bei 12-Wochen-Renditen ersetzt durch 40-Wochen

**) 90-Tage bei 12-Wochen-Renditen ersetzt durch 3-Monate

Anhang 3: Ergebnisse der empirischen Untersuchung

Tabelle 1a: Schätzwerte der maximalen a priori-Wahrscheinlichkeit $\hat{p}(\omega_{max})$ und der Vertrauenswahrscheinlichkeit $(1-\hat{p}^F)$ der Chemiebranche bei 50-Tage-Renditen

Performance Maße	Ø aller Unternehmen		Ø der risikoarmen Unternehmen		Ø der risikoreicheren Unternehmen		Ø der restlichen Unternehmen	
	$\hat{p}(\omega_{max})$	$(1-\hat{p}^F)$	$\hat{p}(\omega_{max})$	$(1-\hat{p}^F)$	$\hat{p}(\omega_{max})$	$(1-\hat{p}^F)$	$\hat{p}(\omega_{max})$	$(1-\hat{p}^F)$
r_f	0,64	0,847	0,692	0,832	0,62	0,868	0,604	0,853
r_{BH}	0,607	0,851	0,572	0,828	0,556	0,857	0,65	0,868
r_{Gk}	0,606	0,816	0,575	0,789	0,543	0,825	0,651	0,836
r_{St}	0,603	0,82	0,575	0,792	0,543	0,824	0,644	0,842
r_{Br}	0,595	0,84	0,567	0,824	0,566	0,833	0,627	0,855
TM_{BH}	0,679	0,904	0,666	0,911	0,573	0,84	0,722	0,917
TM_{Br}	0,685	0,924	0,802	0,929	0,64	0,896	0,605	0,928

Tabelle 1b: Schätzwerte der maximalen a priori-Wahrscheinlichkeit $\hat{p}(\omega_{max})$ und der Vertrauenswahrscheinlichkeit $(1-\hat{p}^F)$ der Maschinenbaubranche bei 50-Tage-Renditen

Performance Maße	Ø aller Unternehmen		Ø der risikoarmen Unternehmen		Ø der risikoreicheren Unternehmen		Ø der restlichen Unternehmen	
	$\hat{p}(\omega_{max})$	$(1-\hat{p}^F)$	$\hat{p}(\omega_{max})$	$(1-\hat{p}^F)$	$\hat{p}(\omega_{max})$	$(1-\hat{p}^F)$	$\hat{p}(\omega_{max})$	$(1-\hat{p}^F)$
r_f	0,596	0,826	0,626	0,84	0,601	0,805	0,584	0,831
r_{BH}	0,629	0,823	0,63	0,809	0,616	0,83	0,634	0,824
r_{Gk}	0,633	0,82	0,626	0,806	0,605	0,814	0,647	0,828
r_{St}	0,628	0,819	0,614	0,805	0,603	0,809	0,644	0,829
r_{Br}	0,59	0,812	0,602	0,801	0,583	0,802	0,589	0,819
TM_{BH}	0,692	0,898	0,574	0,884	0,665	0,916	0,743	0,894
TM_{Br}	0,709	0,889	0,68	0,902	0,705	0,887	0,721	0,886

Tabelle 2a: WILKS' Lambda Λ der Chemie-Branche bei 50-Tage-Renditen

Performance Maße	Λ aller Unternehmen	Λ der risikoärmeren Unternehmen	Λ der risikoreicheren Unternehmen	Λ der restlichen Unternehmen
r_f	0,518	0,596	0,453	0,478
r_{BH}	0,508	0,538	0,478	0,494
r_{Gk}	0,57	0,618	0,506	0,552
r_{St}	0,561	0,595	0,513	0,549
r_{Br}	0,524	0,549	0,503	0,512
TM_{BH}	0,408	0,379	0,525	0,396
TM_{Br}	0,389	0,468	0,468	0,303

Tabelle 2b: WILKS' Lambda Λ der Maschinenbau-Branche bei 50-Tage-Renditen

Performance Maße	Λ aller Unternehmen	Λ der risikoärmeren Unternehmen	Λ der risikoreicheren Unternehmen	Λ der restlichen Unternehmen
r_f	0,558	0,545	0,604	0,544
r_{BH}	0,589	0,595	0,579	0,59
r_{Gk}	0,593	0,623	0,57	0,593
r_{St}	0,588	0,609	0,565	0,591
r_{Br}	0,576	0,585	0,58	0,571
TM_{BH}	0,465	0,424	0,424	0,495
TM_{Br}	0,477	0,422	0,509	0,483

Tabelle 3: Schätzwerte der maximalen a priori-Wahrscheinlichkeit $\hat{p}(\omega_{max})$ und der Vertrauenswahrscheinlichkeit $(1-\hat{p}^F)$ der nach Börsenkapital differenzierten Stichproben bei 50-Tage-Renditen

Performance Maße	Ø der Groß-Unternehmen		Ø der Klein-Unternehmen	
	$\hat{p}(\omega_{max})$	$(1-\hat{p}^F)$	$\hat{p}(\omega_{max})$	$(1-\hat{p}^F)$
r_f	0,704	0,847	0,576	0,863
r_{BH}	0,577	0,809	0,653	0,858
TM_{BH}	0,632	0,904	0,615	0,88

Tabelle 4: WILKS's Lambda Λ der nach Börsenkapital differenzierten Stichproben bei 50-Tage-Renditen

Performance	Ø Λ der Groß-Unternehmen	Ø Λ der Klein-Unternehmen
r_f	0,575	0,469
r_{BH}	0,558	0,534
TM_{BH}	0,392	0,416

Tabelle 5a: Die Häufigkeiten der Aufnahme und die Berücksichtigung der relativen Bedeutung der unabhängigen Kennzahlen in den Diskriminanzfunktionen der Chemiebranche bezüglich des Performance Maßes r_f bei 50-Tage-Renditen

Kennzahlen	Alle Unternehmen		Risikoärmere Unternehmen		Risikoreichere Unternehmen		Restliche Unternehmen	
	%-Auftreten	rel.Bedeutung	%-Auftreten	rel.Bedeutung	%-Auftreten	rel.Bedeutung	%-Auftreten	rel.Bedeutung
ADL	85,7	61,9	62,5	50	100	100	100	60
OU200	71,4	28,5	62,5	50	100	33,3	70	10
DAD	85,7	66,6	75	50	100	100	90	70
LRO	61,9	28,5	50	12,5	33,3	33,3	80	40
NHNL	85,7	0	62,5	0	100	0	100	0
SRO	57,1	0	75	0	33,3	0	50	0
Levy Rang	71,4	14,2	75	25	33,3	0	80	10
RSL	/	/	/	/	/	/	/	/
V	/	/	/	/	/	/	/	/
RSC	90,4	9,5	100	0	100	33,3	80	10
B&H/	85,7	61,9	75	50	100	100	90	60
Br./	90,4	57,1	75	37,5	100	100	100	60
GD-38/	80,9	9,5	87,5	0	100	33,3	70	10
GD-90/	71,4	28,5	62,5	37,5	100	33,3	70	20
GD-200/	95,2	61,9	100	62,5	100	100	90	50
PF-Max /	80,9	14,2	75	12,5	66,6	0	90	20
PF-Min/	71,4	19	50	12,5	100	0	80	30
PF-Unt.kurs/	61,9	23,8	87,5	37,5	66,6	33,3	40	10
PF-Wid.kurs/	57,1	42,5	37,5	12,5	66,6	0	70	50
LC-Unt.kurs /	/	/	/	/	/	/	/	/
LC-Wid.kurs /	/	/	/	/	/	/	/	/
LC-Unt.steigung	80,9	4,7	62,5	0	100	33,3	90	0
LC-Wid.steigung	85,7	4,7	87,5	0	66,6	0	90	10
BC-Max/	71,4	0	75	0	100	0	60	0
BC-Min/	71,4	0	62,5	0	100	0	70	0
BC-Unt.kurs/	71,4	14,8	87,5	37,5	100	0	50	20
BC-Wid.kurs/	80,9	5,5	87,5	0	33,3	0	90	10

Tabelle 5b: Die Häufigkeiten der Aufnahme und die Berücksichtigung der relativen Bedeutung der unabhängigen Kennzahlen in den Diskriminanzfunktionen der Maschinenbaubranche bezüglich des Performance Maßes r_f bei 50-Tage-Renditen

Kennzahlen	Alle Unternehmen		Risikoärmere Unternehmen		Risikoreichere Unternehmen		Restliche Unternehmen	
	%-Auftreten	rel.Bedeutung	%-Auftreten	rel.Bedeutung	%-Auftreten	rel.Bedeutung	%-Auftreten	rel.Bedeutung
ADL	92,3	53,8	80	20	100	66,6	93,3	60
OU200	92,3	15,3	100	20	83,3	16,6	100	13,3
DAD	65,3	57,6	60	60	66,6	50	66,6	60
LRO	80,7	46,1	100	20	66,6	50	80	53,3
NHNL	65,3	7,6	60	0	50	16,6	73,3	6,6
SRO	85,7	0	60	0	100	0	60	0
Levy Rang	73	23	60	20	83,3	0	73,3	33,3
RSL	/	/	/	/	/	/	/	/
V	/	/	/	/	/	/	/	/
RSC	76,9	3,8	100	0	100	16,6	80	0
B&H/	76,9	61,5	40	20	66,6	66,6	93,3	73,3
Br./	88,4	80,7	100	80	66,6	66,6	93,3	86,6
GD-38/	88,4	15,3	100	20	66,6	33,3	93,3	6,6
GD-90/	80,7	34,6	80	20	66,6	50	86,6	33,3
GD-200/	73	53,8	80	60	66,6	16,6	73,3	66,6
PF-Max /	80,7	19,2	60	0	66,6	33,3	93,3	20
PF-Min/	80,7	11,5	60	0	100	50	80	0
PF-Unt.kurs/	71,4	11,5	60	0	50	0	60	20
PF-Wid.kurs/	84,6	50	80	60	66,6	0	93,3	66,6
LC-Unt.kurs /	/	/	/	/	/	/	/	/
LC-Wid.kurs /	/	/	/	/	/	/	/	/
LC-Unt.steigung	76,9	3,8	60	20	83,3	0	80	0
LC-Wid.steigung	84,6	0	100	0	83,3	0	86,6	0
BC-Max/	61,5	0	100	0	33,3	0	60	0
BC-Min/	69,2	0	40	0	100	0	66,6	0
BC-Unt.kurs/	92,3	7,6	60	20	100	0	100	6,6
BC-Wid.kurs/	69,2	7,6	80	0	50	16,6	73,3	6,6

Tabelle 6a: Die Häufigkeiten der Aufnahme und die Berücksichtigung der relativen Bedeutung der unabhängigen Kennzahlen in den Diskriminanzfunktionen der Gesamtstichprobe bezüglich der Performance Maße r_{BH}, r_{Gk}, r_{St}, r_{Br} bei 50-Tage-Renditen

Kennzahlen	r_{BH}		r_{Gk}		r_{St}		r_{Br}	
	%-Auftreten	rel.Bedeutung	%-Auftreten	rel.Bedeutung	%-Auftreten	rel.Bedeutung	%-Auftreten	rel.Bedeutung
ADL	85,1	64,8	79,6	61,1	75,9	64,8	76,5	68
OU200	79,6	25,9	70,3	25,9	79,6	37	59,5	21,2
DAO	81,4	50	79,6	42,5	77,7	46,2	76,5	51
LRO	72,2	46,2	68,5	40,7	70,3	44,4	68	40,4
NHNL	64,8	1,8	70,3	3,7	75,9	3,7	70,2	0
SRO	59,2	0	55,5	0	62,9	0	68	0
Levy Rang	79,6	18,5	79,6	18,5	77,7	25,9	74,4	25,5
RSL	/	/	/	/	/	/	/	/
V	/	/	/	/	/	/	/	/
RSC	77,7	3,7	75,9	7,4	74	9,2	72,3	6,3
B&H/	83,3	66,6	79,6	64,8	79,6	68,5	85,1	76,5
Br./	88,8	72,2	83,3	70,3	90,7	74	85,1	76,5
GD-38/	81,4	12,9	75,9	20,3	77,7	22,2	65,9	14,8
GD-90/	81,4	40,7	90,7	53,7	79,6	38,8	78,7	29,7
GD-200/	79,6	55,5	81,4	57,4	75,9	61,1	76,5	46,8
PF-Max /	68,5	5,5	77,7	9,2	68,5	12,9	70,2	12,7
PF-Min/	74,0	9,2	75,9	9,2	85,1	7,4	82,9	8,5
PF-Unt.kurs/	64,8	20,3	62,9	22,2	62,9	16,6	53,1	17
PF-Wid.kurs/	53,7	14,8	61,1	20,3	55,5	14,8	57,4	8,5
LC-Unt.kurs /	/	/	/	/	/	/	/	/
LC-Wid.kurs /	/	/	/	/	/	/	/	/
LC-Unt.steigung	64,8	7,4	68,5	3,7	64,8	5,5	76,5	6,3
LC-Wid.steigung	70,3	1,8	70,3	5,5	74	1,8	78,7	0
BC-Max/	68,5	0	62,9	0	57,4	0	48,9	0
BC-Min/	55,5	0	48,1	0	48,1	0	59,5	2,1
BC-Unt.kurs/	79,6	14,8	75,9	14,8	74	14,8	85,1	12,7
BC-Wid.kurs/	68,5	5,5	68,5	9,2	81,4	5,5	74,4	8,5

Tabelle 6b: Die Häufigkeiten der Aufnahme und die Berücksichtigung der relativen Bedeutung der unabhängigen Kennzahlen in den Diskriminanzfunktionen der Gesamtstichprobe bezüglich der Performance Maße TM_{BH}, TM_{Br} bei 50-Tage-Renditen

Kennzahlen	TM_{BH}		TM_{Br}	
	%-Auftreten	rel.Bedeutung	%-Auftreten	rel.Bedeutung
ADL	83,3	61,1	85,1	57,4
OU200	74	18,5	61,7	21,2
DAD	85,1	53,7	87,2	57,4
LRO	81,4	42,5	74,4	53,1
NHNL	74	0	65,9	0
SRO	72,2	3,7	74,4	4,2
Levy Rang	74	14,8	76,5	6,3
RSL	/	/	/	/
V	/	/	/	/
RSC	79,6	5,5	87,2	2,1
B&H/	83,3	70,3	82,9	65,9
Br./	83,3	62,9	80,8	59,5
GD-38/	72,2	12,9	74,4	23,4
GD-90/	79,6	35,1	85,1	44,6
GD-200/	74	61,1	78,7	70,2
PF-Max /	68,5	12,9	74,4	10,6
PF-Min/	77,7	16,6	80,8	8,5
PF-Unt.kurs/	62,9	20,3	57,4	23,4
PF-Wid.kurs/	64,8	27,7	57,4	25,5
LC-Unt.kurs /	/	/	/	/
LC-Wid.kurs /	/	/	/	/
LC-Unt.steigung	70,3	5,5	63,8	8,5
LC-Wid.steigung	77,7	3,7	93,6	4,2
BC-Max/	62,9	0	55,3	2,1
BC-Min/	55,5	0	78,7	0
BC-Unt.kurs/	75,9	12,9	78,7	8,5
BC-Wid.kurs/	90,7	1,8	72,3	8,5

Tabelle 7a: Die Häufigkeiten der Aufnahme und die Berücksichtigung der relativen Bedeutung der unabhängigen Kennzahlen in den Diskriminanzfunktionen der nach Börsenkapital differenzierten Stichprobe bezüglich der Performance Maße r_f , r_{BH} bei 50-Tage-Renditen

Kennzahlen	r_f				r_{BH}			
	Groß-Unternehmen		Klein-Unternehmen		Groß-Unternehmen		Klein-Unternehmen	
	%-Auftreten	rel.Bedeutung	%-Auftreten	rel.Bedeutung	%-Auftreten	rel.Bedeutung	%-Auftreten	rel.Bedeutung
ADL	44,4	44,4	100	50	88,8	77,7	100	66,6
OU200	66,6	22,2	83,3	16,6	77,7	33,3	83,3	16,6
DAD	66,6	66,6	83,3	33,3	88,8	77,7	83,3	33,3
LRO	66,6	44,4	83,3	50	77,7	77,7	33,3	0
NHNL	66,6	0	83,3	0	55,5	22,2	66,6	0
SRO	44,4	0	50	0	88,8	0	33,3	0
Levy Rang	77,7	44,4	66,6	16,6	100	11,1	66,6	0
RSL	/	/	/	/	/	/	/	/
V	/	/	/	/	/	/	/	/
RSC	100	0	100	0	66,6	0	66,6	0
B&H/	77,7	55,5	66,6	66,6	100	66,6	83,3	50
Br./	66,6	44,4	83,3	66,6	55,5	33,3	83,3	66,6
GD-38/	77,7	33,3	83,3	16,6	100	55,5	83,3	0
GD-90/	88,8	77,7	83,3	33,3	88,8	55,5	100	33,3
GD-200/	88,8	77,7	100	33,3	88,8	22,2	100	66,6
PF-Max /	77,7	22,2	66,6	16,6	55,5	0	83,3	16,6
PF-Min/	77,7	33,3	100	50	66,6	11,1	83,3	33,3
PF-Unt.kurs/	77,7	55,5	50	16,6	77,7	44,4	50	16,6
PF-Wid.kurs/	55,5	22,2	33,3	0	44,4	11,1	50	16,6
LC-Unt.kurs /	/	/	/	/	/	/	/	/
LC-Wid.kurs /	/	/	/	/	/	/	/	/
LC-Unt.steigung	44,4	0	66,6	0	66,6	0	66,6	33,3
LC-Wid.steigung	77,7	0	83,3	16,6	77,7	11,1	83,3	16,6
BC-Max/	66,6	0	50	0	77,7	0	83,3	0
BC-Min/	88,8	0	83,3	0	22,2	0	66,6	0
BC-Unt.kurs/	88,8	11,1	66,6	0	88,8	11,1	100	16,6
BC-Wid.kurs/	66,6	0	83,3	16,6	55,5	0	66,6	16,6

Tabelle 7b: Die Häufigkeiten der Aufnahme und die Berücksichtigung der relativen Bedeutung der unabhängigen Kennzahlen in den Diskriminanzfunktionen der nach Börsenkapital differenzierten Stichprobe bezüglich des Performance Maßes TM_{BH} bei 50-Tage-Renditen

Kennzahlen	TM_{BH} Groß-Unternehmen		Klein-Unternehmen	
	%-Auftreten	rel.Bedeutung	%-Auftreten	rel.Bedeutung
ADL	88,8	66,6	66,6	50
OU200	55,5	11,1	100	16,6
DAD	88,8	77,7	83,3	33,3
LRO	88,8	55,5	100	50
NHNL	66,6	0	100	0
SRO	55,5	11,1	83,3	0
Levy Rang	77,7	0	83,3	50
RSL	/	/	/	/
V	/	/	/	/
RSC	88,8	0	66,6	0
B&H/	88,8	66,6	100	83,3
Br./	66,6	44,4	83,3	83,3
GD-38/	88,8	11,1	50	0
GD-90/	88,8	44,4	83,3	33,3
GD-200/	66,6	55,5	100	83,3
PF-Max /	66,6	11,1	83,3	50
PF-Min/	88,8	33,3	66,6	16,6
PF-Unt.kurs/	66,6	33,3	50	0
PF-Wid.kurs/	66,6	33,3	33,3	16,6
LC-Unt.kurs /	/	/	/	/
LC-Wid.kurs /	/	/	/	/
LC-Unt.steigung	77,7	11,1	83,3	0
LC-Wid.steigung	88,8	0	66,6	0
BC-Max/	66,6	0	83,3	0
BC-Min/	44,4	0	66,6	0
BC-Unt.kurs/	77,7	22,2	66,6	0
BC-Wid.kurs/	100	0	100	16,6

Tabelle 8a: Schätzwerte der maximalen a priori-Wahrscheinlichkeit $\hat{p}(\omega_{max})$ und der Vertrauenswahrscheinlichkeit $(1-\hat{p}^F)$ der Chemiebranche bei 100-Tage-Renditen

Performance Maße	∅ aller Unternehmen		∅ der risikoarmen Unternehmen		∅ der risikoreicheren Unternehmen		∅ der restlichen Unternehmen	
	$\hat{p}(\omega_{max})$	$(1-\hat{p}^F)$	$\hat{p}(\omega_{max})$	$(1-\hat{p}^F)$	$\hat{p}(\omega_{max})$	$(1-\hat{p}^F)$	$\hat{p}(\omega_{max})$	$(1-\hat{p}^F)$
r_f	0,702	0,897	0,771	0,876	0,7	0,928	0,648	0,904
r_{BH}	0,629	0,871	0,582	0,857	0,65	0,861	0,661	0,885
r_{Br}	0,62	0,862	0,587	0,849	0,647	0,866	0,638	0,871
TM_{BH}	0,68	0,898	0,707	0,902	0,553	0,83	0,697	0,915
TM_{Br}	0,694	0,927	0,816	0,931	0,68	0,908	0,602	0,93

Tabelle 8b: Schätzwerte der maximalen a priori Wahrscheinlichkeit $\hat{p}(\omega_{max})$ und der Vertrauenswahrscheinlichkeit $(1-\hat{p}^F)$ der Maschinenbaubranche bei 100-Tage-Renditen

Performance Maße	∅ aller Unternehmen		∅ der risikoarmen Unternehmen		∅ der risikoreicheren Unternehmen		∅ der restlichen Unternehmen	
	$\hat{p}(\omega_{max})$	$(1-\hat{p}^F)$	$\hat{p}(\omega_{max})$	$(1-\hat{p}^F)$	$\hat{p}(\omega_{max})$	$(1-\hat{p}^F)$	$\hat{p}(\omega_{max})$	$(1-\hat{p}^F)$
r_f	0,632	0,861	0,672	0,891	0,62	0,85	0,624	0,855
r_{BH}	0,676	0,848	0,682	0,875	0,695	0,897	0,668	0,82
r_{Br}	0,64	0,852	0,658	0,859	0,65	0,845	0,63	0,852
TM_{BH}	0,679	0,897	0,578	0,881	0,662	0,897	0,721	0,902
TM_{Br}	0,697	0,879	0,674	0,905	0,682	0,858	0,712	0,879

Tabelle 9a: WILKS' Lambda Λ der Chemiebranche bei 100-Tage-Renditen

Performance Maße	Λ aller Unternehmen	Λ der risikoärmeren Unternehmen	Λ der risikoreicheren Unternehmen	Λ der restlichen Unternehmen
r_f	0,423	0,521	0,349	0,367
r_{BH}	0,442	0,468	0,458	0,417
r_{Br}	0,445	0,478	0,473	0,411
TM_{BH}	0,405	0,395	0,505	0,384
TM_{Br}	0,389	0,475	0,44	0,305

Tabelle 9b: WILKS' Lambda Λ der Maschinenbaubranche bei 100-Tage-Renditen

Performance Maße	Λ aller Unternehmen	Λ der risikoärmeren Unternehmen	Λ der risikoreicheren Unternehmen	Λ der restlichen Unternehmen
r_f	0,476	0,427	0,493	0,486
r_{BH}	0,481	0,512	0,44	0,486
r_{Br}	0,502	0,496	0,469	0,517
TM_{BH}	0,453	0,415	0,451	0,466
TM_{Br}	0,494	0,435	0,505	0,509

Tabelle 10a: Die Häufigkeiten der Aufnahme und die Berücksichtigung der relativen Bedeutung der unabhängigen Kennzahlen in den Diskriminanzfunktionen der Gesamtstichprobe bezüglich der Performance Maße r_f, r_{BH}, r_{Br} bei 100-Tage-Renditen

Kennzahlen	r_f		r_{BH}		r_{Br}	
	%-Auftreten	rel.Bedeutung	%-Auftreten	rel.Bedeutung	%-Auftreten	rel.Bedeutung
ADL	72,2	55,5	90,7	62,9	93,6	63,8
OU200	66,6	16,6	68,5	33,3	70,2	14,8
DAD	72,2	44,4	72,2	46,2	80,8	51
LRO	68,5	46,2	75,9	57,4	68	48,9
NHNL	77,7	0	61,1	0	61,7	0
SRO	59,2	0	68,5	1,8	57,4	4,2
Levy Rang	74	22,2	81,4	20,3	78,7	17
RSL	/	/	/	/	/	/
V	/	/	/	/	/	/
RSC	70,3	0	68,5	1,8	68	4,2
B&H/	79,6	66,6	75,9	64,8	80,8	68
Br./	83,3	66,6	90,7	81,4	87,2	68
GD-38/	72,2	18,5	72,2	20,3	74,4	19,1
GD-90/	96,2	77,7	94,4	64,8	89,3	57,4
GD-200/	85,1	57,4	81,4	50	85,1	63,8
PF-Max /	68,5	16,6	68,5	11,1	68	2,1
PF-Min/	74	12,9	83,3	16,6	74,4	6,3
PF-Unt.kurs/	64,8	25,9	61,1	22,2	65,9	17
PF-Wid.kurs/	66,6	16,6	55,5	20,3	53,1	14,8
LC-Unt.kurs /	/	/	/	/	/	/
LC-Wid.kurs /	/	/	/	/	/	/
LC-Unt.steigung	74	3,7	74	3,7	78	6,3
LC-Wid.steigung	59,2	3,7	74	0	78,7	0
BC-Max/	51,8	3,7	62,9	0	61,7	0
BC-Min/	59,2	0	61,1	0	53,1	2,1
BC-Unt.kurs/	81,4	12,9	74	7,4	74,4	6,3
BC-Wid.kurs/	72,2	9,2	79,6	7,4	76,5	6,3

Tabelle 10b: Die Häufigkeiten der Aufnahme und die Berücksichtigung der relativen Bedeutung der unabhängigen Kennzahlen in den Diskriminanzfunktionen der Gesamtstichprobe bezüglich der Performance Maße TM_{BH}, TM_{Br} bei 100-Tage-Renditen

Kennzahlen	TM_{BH}		TM_{Br}	
	%-Auftreten	rel.Bedeutung	%-Auftreten	rel.Bedeutung
ADL	77,7	59,2	82,9	61,7
OU200	85,1	33,3	70,2	21,2
DAD	79,6	48,4	76,5	53,1
LRO	77,7	51,8	85,1	57,4
NHNL	85,1	1,8	72,3	0
SRO	53,7	1,8	68	2,1
Levy Rang	85,1	27,7	74,4	14,8
RSL	/	/	/	/
V	/	/	/	/
RSC	72,2	5,5	87,2	2,1
B&H/	87	81,4	78,7	70,2
Br./	72,2	57,4	80,8	65,9
GD-38/	66,6	16,6	78,7	14,8
GD-90/	83,3	44,4	85,1	42,5
GD-200/	77,7	61,1	85,1	72,3
PF-Max /	85,1	11,1	72,3	12,7
PF-Min/	72,2	16,6	68	8,5
PF-Unt.kurs/	61,1	20,3	61,7	25,5
PF-Wid.kurs/	61,1	24	63,8	25,5
LC-Unt.kurs /	/	/	/	/
LC-Wid.kurs /	/	/	/	/
LC-Unt.steigung	70,3	7,4	65,9	6,3
LC-Wid.steigung	81,4	1,8	80,8	2,1
BC-Max/	66,6	0	57,4	0
BC-Min/	62,9	0	70,2	2,1
BC-Unt.kurs/	68,5	5,5	72,3	4,2
BC-Wid.kurs/	85,1	5,5	70,2	4,2

Tabelle 11a: Schätzwerte der maximalen a priori-Wahrscheinlichkeit $\hat{p}(\omega_{max})$ und der Vertrauenswahrscheinlichkeit $(1-\hat{p}^F)$ der Chemiebranche bei 12-Wochen-Renditen

Performance Maße	Ø aller Unternehmen		Ø der risikoarmen Unternehmen		Ø der risikoreicheren Unternehmen		Ø der restlichen Unternehmen	
	$\hat{p}(\omega_{max})$	$(1-\hat{p}^F)$	$\hat{p}(\omega_{max})$	$(1-\hat{p}^F)$	$\hat{p}(\omega_{max})$	$(1-\hat{p}^F)$	$\hat{p}(\omega_{max})$	$(1-\hat{p}^F)$
r_f	0,572	0,758	0,587	0,766	0,566	0,745	0,562	0,755
TM_{BH}	0,624	0,844	0,617	0,856	0,67	0,839	0,616	0,836

Tabelle 11b: Schätzwerte der maximalen a priori-Wahrscheinlichkeit $\hat{p}(\omega_{max})$ und der Vertrauenswahrscheinlichkeit $(1-\hat{p}^F)$ der Maschinenbaubranche bei 12-Wochen-Renditen

Performance Maße	Ø aller Unternehmen		Ø der risikoarmen Unternehmen		Ø der risikoreicheren Unternehmen		Ø der restlichen Unternehmen	
	$\hat{p}(\omega_{max})$	$(1-\hat{p}^F)$	$\hat{p}(\omega_{max})$	$(1-\hat{p}^F)$	$\hat{p}(\omega_{max})$	$(1-\hat{p}^F)$	$\hat{p}(\omega_{max})$	$(1-\hat{p}^F)$
r_f	0,559	0,764	0,59	0,758	0,552	0,757	0,552	0,768
TM_{BH}	0,641	0,828	0,54	0,812	0,682	0,833	0,664	0,832

Tabelle 12a: WILKS' Lambda Λ der Chemiebranche bei 12-Wochen-Renditen

Performance Maße	Λ aller Unternehmen	Λ der risikoärmeren Unternehmen	Λ der risikoreicheren Unternehmen	Λ der restlichen Unternehmen
r_f	0,661	0,662	0,693	0,65
TM_{BH}	0,513	0,488	0,501	0,538

Tabelle 12b: WILKS' Lambda Λ der Maschinenbaubranche bei 12-Wochen-Renditen

Performance Maße	Λ aller Unternehmen	Λ der risikoärmeren Unternehmen	Λ der risikoreicheren Unternehmen	Λ der restlichen Unternehmen
r_f	0,654	0,641	0,656	0,657
TM_{BH}	0,56	0,575	0,55	0,558

Tabelle 13: Die Häufigkeiten der Aufnahme und die Berücksichtigung der relativen Bedeutung der unabhängigen Kennzahlen in den Diskriminanzfunktionen der Gesamtstichprobe bezüglich der Performance Maße r_f, TM_{BH} bei 12-Wochen-Renditen

Kennzahlen	r_f		TM_{BH}	
	%-Auftreten	rel.Bedeutung	%-Auftreten	rel.Bedeutung
ADL	82,6	42,3	76,9	40,3
OU40	46,1	26,9	59,6	34,6
DAD	71,1	55,7	75	53,8
LRO	48	34,6	57,6	30,7
NHNL	61,5	9,6	55,7	9,6
SRO	57,6	11,5	67,3	17,3
Levy Rang	/	/	/	/
RSL	57,6	40,3	65,3	50
V	65,3	15,3	67,3	21,1
RSC	57,6	5,7	73	5,7
B&H/	75	42,3	84,6	55,7
Br./	/	/	/	/
GD-3 /	63,4	19,2	65,3	21,1
GD-40/	59,6	38,4	69,2	53,8
GD	/	/	/	/
PF-Max /	61,5	11,5	78,8	13,4
PF-Min/	59,6	1,9	67,3	13,4
PF-Unt.kurs/	57,6	23	82,6	34,6
PF-Wid.kurs/	57,6	19,2	53,8	25
LC-Unt.kurs /	59,6	28,8	57,6	36,5
LC-Wid.kurs /	53,8	26,9	69,2	28,8
LC-Unt.steigung	53,8	30,7	57,6	36,5
LC-Wid.steigung	51,9	28,8	55,7	30,7
BC-Max/	73	9,6	61,5	1,9
BC-Min/	57,6	5,7	61,5	5,7
BC-Unt.kurs/	67,3	21,1	67,3	15,3
BC-Wid.kurs/	96,1	32,6	75	11,5

Anhang 4: WILKS' Lambda

Graphische Beispiele[1] für die Beziehung zwischen der Lage der Diskriminanzwerte der beiden Gruppen und des Gütekriteriums WILKS' Lambda

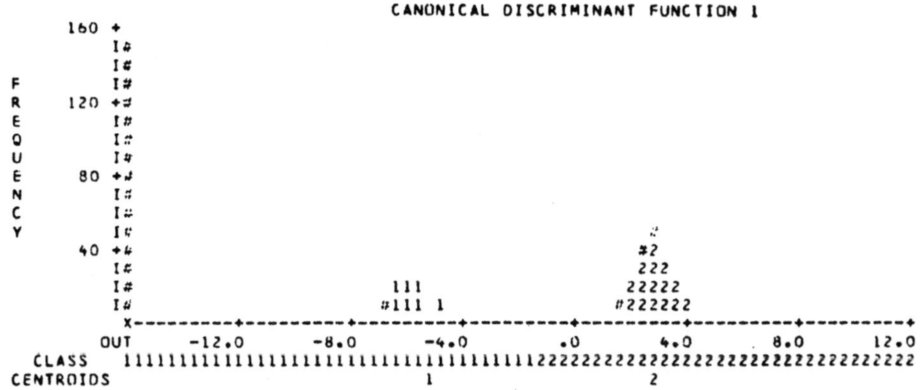

Abbildung 1

Ruberoidwerke AG: Performance Maß: TM_{BH},
Periode: 50 Tage, $(1-\hat{p}^F) = 0{,}991$,
$\Lambda = 0{,}062$

1) Die Histogramme wurden im Rahmen der SPSS-X Prozedur "Discriminant" erstellt.

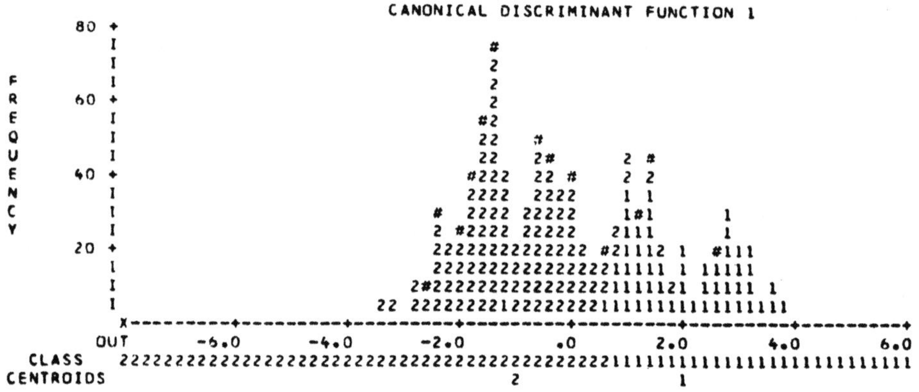

Abbildung 2

BASF AG: Performance Maß: TM_{BH},
Periode: 50 Tage, $(1-\hat{p}^F) = 0,941$
$\Lambda = 0,333$

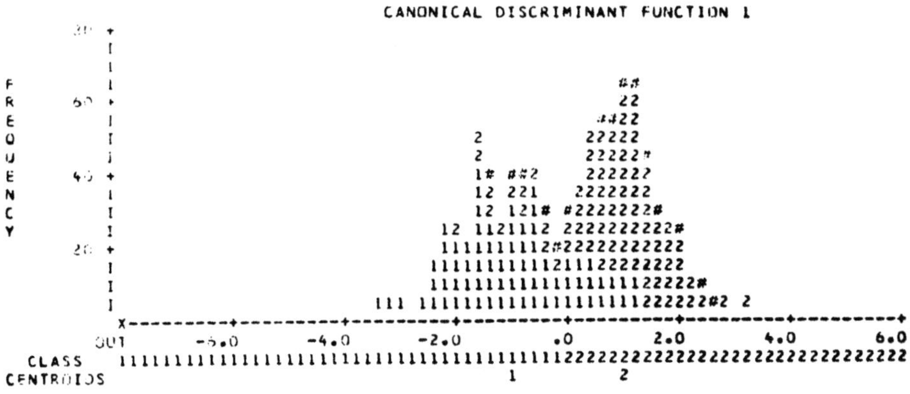

Abbildung 3

Daimler Benz AG: Performance Maß: TM_{BH},
Periode: 50 Tage , $(1-\hat{p}^F) = 0{,}822$
$\Lambda = 0{,}527$

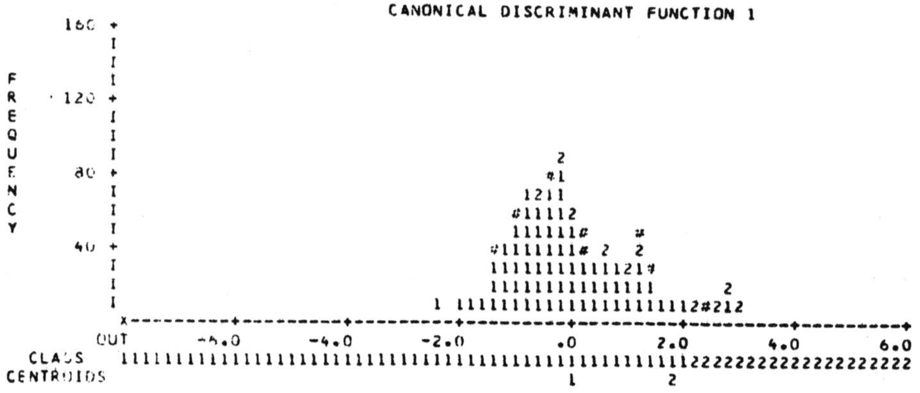

Abbildung 4

Schiess AG: Performance Maß: TM_{BH},
Periode: 50 Tage, $(1-\hat{p}^F) = 0{,}924$
$\Lambda = 0{,}759$

Anhang 5: Die Diskriminanzanalyse als Querschnitts- und als Zeitreihenanalyse

Die Diskriminanzanalyse als Querschnittsanalyse läßt sich graphisch wie folgt darstellen (Abb. A5.1)

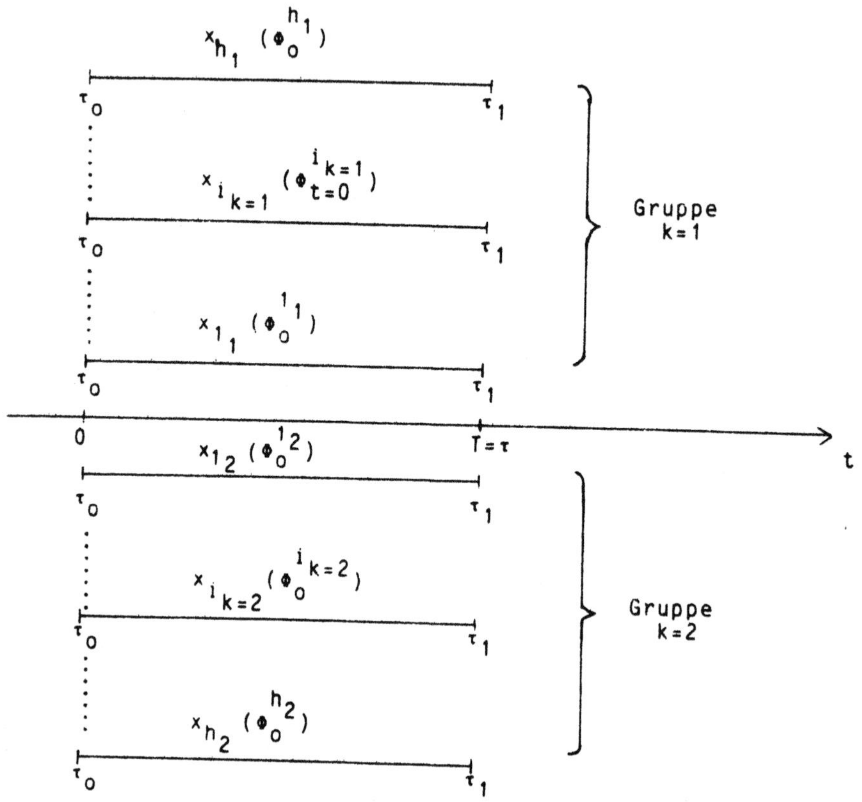

Abbildung A5.1

mit

$0 \rightarrow T$	Gesamter Untersuchungszeitraum
$\tau = \tau_1 - \tau_0$ $= \text{const.}$	Diskriminierungsperiode, d. h. der Zeitraum für den die Grundgesamtheit aufgrund der Ausprägung eines Merkmals in k Gruppen eingeteilt wird. (Hier: $k = 1,2$)

h_k — Anzahl der Objekte in Gruppe k

$\Phi_t^{i_k}$ — Informationen, die über das Objekt i_k zum Zeitpunkt t zur Verfügung stehen.

$x_{i_k}(\Phi_t^{i_k})$ — Vektor, der das Objekt i_k durch die Merkmale beschreibt[1], d. h.

$$x_{i_k}(\Phi_{t=0}^{i_k}) = (x_{i_k 1}^o, \ldots, x_{i_k j}^o, \ldots, x_{i_k n}^o)$$

mit

$x_{i_k j}^o$ — Ausprägung des Merkmals j (j=1,...,n) des Objekts i_k im Zeitpunkt 0.

D. h., kennzeichnend für die Querschnittsanalyse ist die Gleichheit von Untersuchungszeitraum und Diskriminierungsperiode, sowie die Merkmalserhebung für die unterschiedlichen Objekte (z. B. $h_1 + h_2$ Aktiengesellschaften) zum Zeitpunkt 0.

Einen Übergang zur Längsschnittanalyse stellen Teile der Arbeiten zur Insolvenzprognose[2] und für den Rahmen dieser Arbeit die Untersuchung von LERBINGER[3]

---

1) Vgl. die Datenmatrix $\underline{x}_k$ auf S. 70 dieser Arbeit.

2) Vgl. z. B. GEBHARDT, G., Insolvenzprognosen aus aktienrechtlichen Jahresabschlüssen, Wiesbaden 1980

3) Vgl. LERBINGER, P., Aktienkursprognose durch Linienchart-Formationen und Trendlinien, München 1984

dar, bei denen neben unterschiedlichen Aktiengesellschaften die Lage der Diskriminierungsperiode innerhalb des Untersuchungszeitraums variiert (Abb. A5.2)

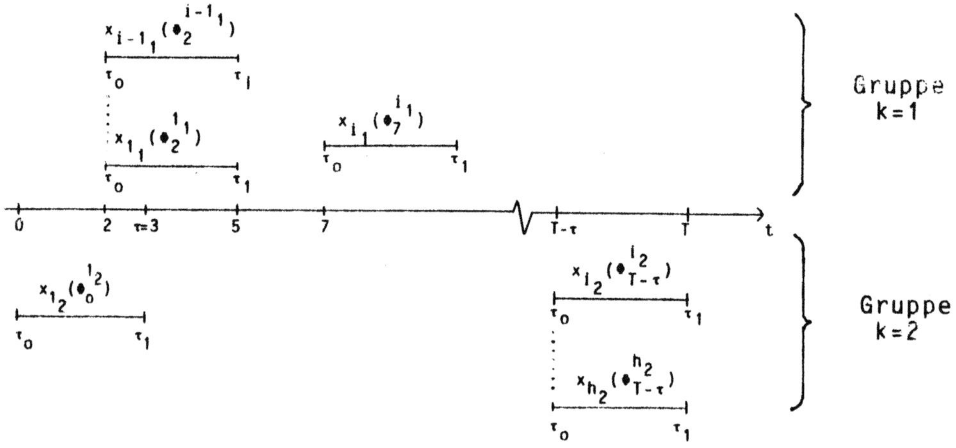

Abbildung A5.2

Wird nun die Anzahl der zu untersuchenden Gegenstände auf eins reduziert - d. h. die Informationen beziehen sich auf nur einen Untersuchungsgegenstand (=*) - , die Diskriminierungsperiode fixiert und überlappend fortlaufend über den gesamten Untersuchungszeitraum gelegt, so daß das erste Untersuchungsobjekt bestimmt wird durch $\tau_0 = 0$ und $\tau_1 = \tau$ bis zum letzten Objekt, welches definiert ist durch die Periode $\tau_0 = T-\tau$ bis $\tau_1 = T$, so gelangt man zur Diskriminanzanalyse als Zeitreihenanalyse. In der vorliegenden Arbeit wird der

Zeitpunkt der Merkmalserhebung um eine Periode zurückverlegt, um die Verfügbarkeit der Informationen sicher zu gewährleisten (Abb. A5.3).

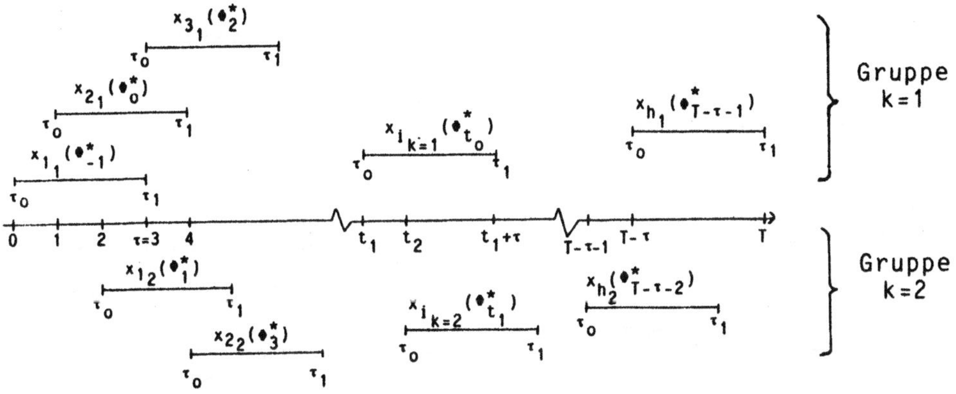

Abbildung A5.3

Physica-Schriften zur Betriebswirtschaft

Herausgegeben von

K. Bohr, Regensburg · W. Bühler, Dortmund · W. Dinkelbach, Saarbrücken · G. Franke, Konstanz · P. Hammann, Bochum · K.-P. Kistner, Bielefeld · H. Laux, Frankfurt · O. Rosenberg, Paderborn · B. Rudolph, Frankfurt

---

Band 1:
Wilhelm Hummeltenberg
Optimierungsmethoden zur betrieblichen Standortwahl

Band 2:
Hermann-Josef Scholl
Fixkostenorientierte Plankostenrechnung

Band 3:
Erwin Huberty
Optimale Finanzierung von Wohnungseigentum

Band 4:
Rainer Rhode
Kurzfristige Material- und Finanzplanung bei mehrfacher Zielsetzung

Band 5:
Felix Liermann
Koordinationsentscheidungen bei Unsicherheit

Band 6:
Horst Tempelmeier
Lieferzeit-orientierte Lagerungs- und Auslieferungsplanung

Band 7:
Lothar Streitferdt
Entscheidungsregeln zur Abweichungsauswertung

Band 8:
Friedrich Wilhelm Selchert und Axel Otte
Das steuerlich optimale Haus- und Wohnungseigentum

Band 9:
Michael Spielberger
Betriebliche Investitionskontrolle

Band 10:
Jack Wahl
Informationsbewertung und -effizienz auf dem Kapitalmarkt

Band 11:
Siegmar Stöppler
Nachfrageprognose und Produktionsplanung bei saisonalen und konjunkturellen Schwankungen

Band 12:
Lothar Hans
Planung und Plankostenrechnung in Betrieben mit Selbstkostenpreis-Erzeugnissen

Band 13:
Walter Erfle
Die Optimierung der Kontrolle regelmäßig wiederkehrender Arbeitsprozesse

Band 14:
Hans Paul Kaus
Die Steuerung von Entscheidungsgremien über Verhaltensnormen – ein entscheidungstheoretischer Beitrag

Band 15:
Bernhard Wondrak
Management von Zinsänderungs- chancen und -risiken

Band 16:
Ulrich Lorscheider
Dialogorientierte Verfahren zur kurzfristigen Unternehmens- planung unter Unsicherheit

Band 17:
Hartmut Rothacker
Zeitstetige Bewertungsmodelle für Tilgungsanleihen – Eine empirische Studie des deutschen Kapitalmarktes –

Band 18:
Eva Terberger
Der Kreditvertrag als Instrument zur Lösung von Anreizproblemen – Fremdfinanzierung als Principal/Agent-Beziehung –

Band 19:
Hubert Jäger
Die Bewertung von konzerninternen Lieferungen und Leistungen in der operativen Planung

Band 20:
Otmar Welzel
Möglichkeiten und Grenzen der Stochastischen Break even-Analyse als Grundlage von Entscheidungsverfahren

Band 21:
Alfred Bischoff
Die Strukturierung von Käufer-Produkt-Beziehungen mit Hilfe der allgemeinen Komponentenanalyse - Eine empirische Untersuchung am Beispiel des Automobilsektors -

Band 22:
Heinrich Exeler
Das homogene Packproblem in der betriebswirtschaftlichen Logistik

Band 23:
Hartmut Stadtler
Hierarchische Produktionsplanung bei losweiser Fertigung

Band 24:
Rolf-Dieter Eberwein
Organisation flexibel automatisierter Produktionssysteme

Band 25:
Marion Switalski
Hierarchische Produktionsplanung - Konzeption und Einsatzbereich -

Band 26:
Joannis N. Paraschis
Optimale Gestaltung von Mehrprodukt-Distributionssystemen - Modelle-Methoden-Anwendungen -

GPSR Compliance

The European Union's (EU) General Product Safety Regulation (GPSR) is a set of rules that requires consumer products to be safe and our obligations to ensure this.

If you have any concerns about our products, you can contact us on ProductSafety@springernature.com

In case Publisher is established outside the EU, the EU authorized representative is:

Springer Nature Customer Service Center GmbH
Europaplatz 3
69115 Heidelberg, Germany

Batch number: 10816188

Printed by Printforce, the Netherlands